謹獻給全天下的媽媽

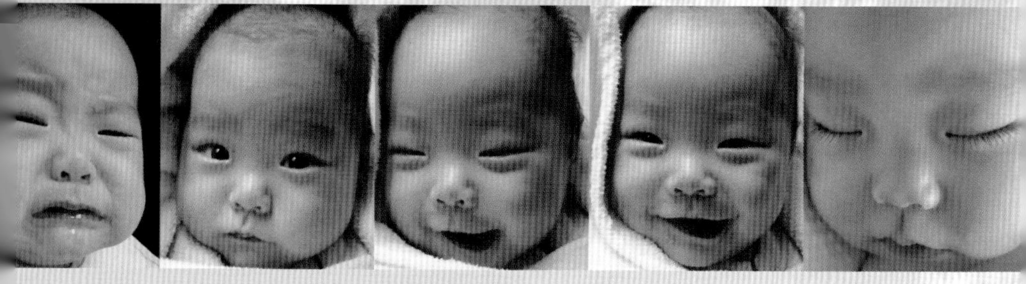

小貞德的到來，豐富了恩典的生命，也使她的人生有了嶄新的意義。

恩典的萬能雙腳

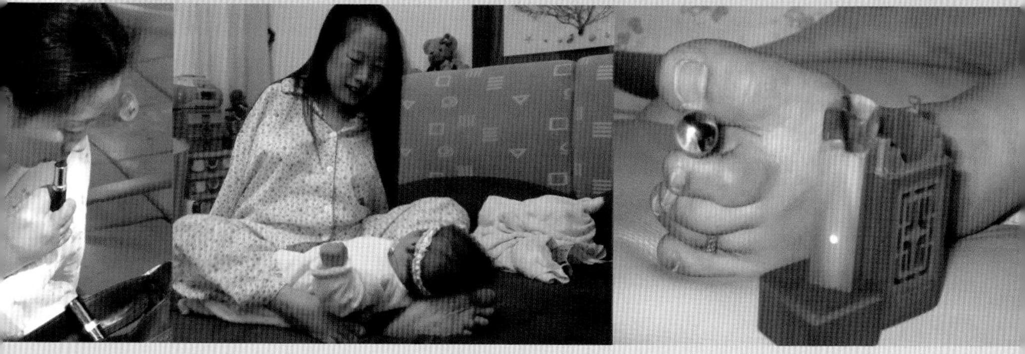

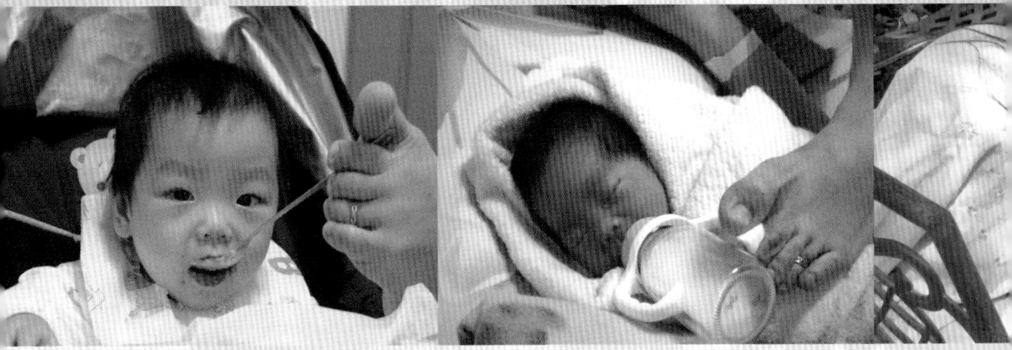

「我萬能的雙腳不但會寫字、作畫、炒飯、吃飯，包水餃、幫自己穿衣、化妝，為女兒貞德洗衣、換尿布、掏耳朵、梳頭，餵她吃飯、陪她玩耍，我的雙腳也能開跑車、開飛機。」

恩典原本以為此生終將孤單，卻遇到大家公認的「宇宙無敵超級好老公」陳信義。他的雙手，現在也成為幫助恩典的另一雙手。

這是個充滿了溫暖與愛的世界

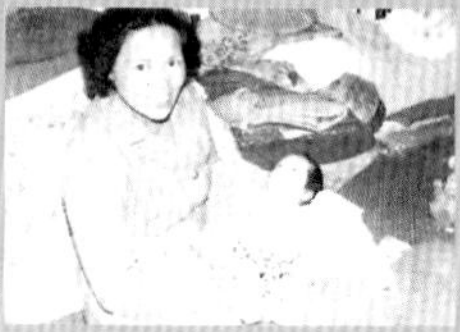

媽媽剛把恩典抱回育幼院時。

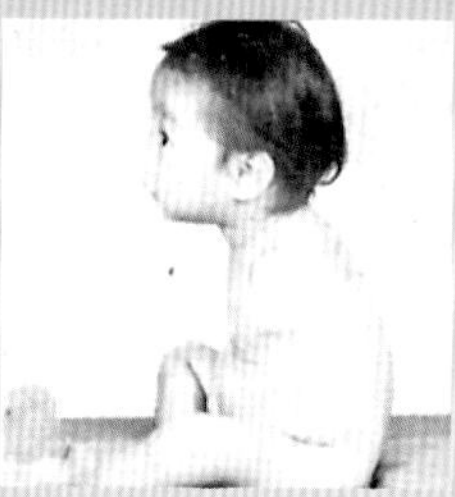

小時候恩典的裸照。

▲ 先總統蔣經國先生到育幼院抱起了3歲的楊恩典。

◀ 蔣經國抱恩典的照片在他逝世週年時發行「親民愛民」的紀念郵票。

小時候恩典用腳吃飯就非常靈活。

甜蜜的負擔——經國先生贈。

爸爸是理論家，媽媽是實踐家，兩人配合得天衣無縫。
咦，那隻手是誰的？

▲▲ 乾爹范可欽抱著乾女兒小貞德。

▲ 謝姊姊抱著恩典妹妹，幼時的路得。

恩典的雙腳是她的吃飯傢伙，

也是她創造力的泉源。

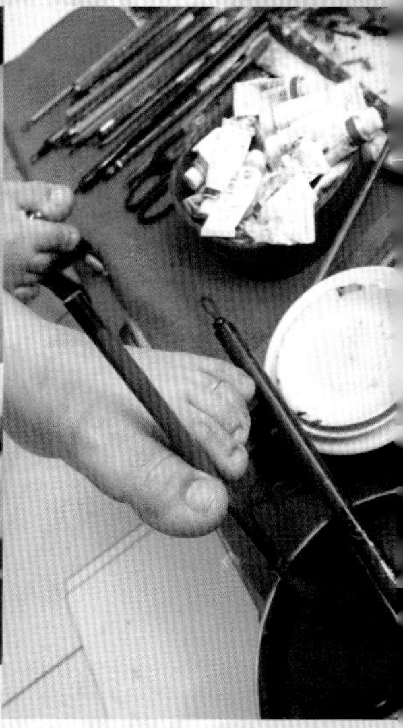

恩典畫牡丹是為了爸爸愛看牡丹。

春之戀

▶ 恩典懷孕時的戲作，首度以漫畫風格畫自畫像。

▼ 懷孕育兒改變了恩典創作的風格，圖為她產後畫的雞的全家福。

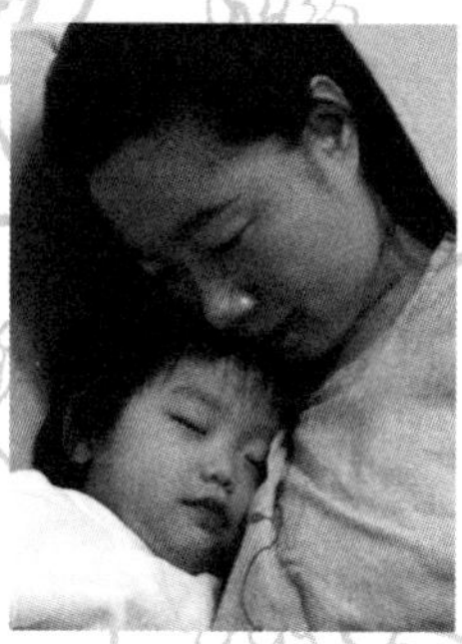

那雙看不見的手

沒有雙手一樣可以緊緊擁抱幸福，
恩典說出心中的愛與感恩。

楊恩典◎口述
胡幼鳳◎撰文

推薦序
一個懂得「尚屋」的女子

范可欽

西元一九七四年上帝讓恩典從肉攤到育幼院，六龜的楊牧師和楊媽媽疼愛恩典如心頭上的肉。二〇〇六年有個生命，再度來自上帝的恩典，降臨在恩典的身上……

只是，來得早了些。

八月二十九日上午七點多，一通光啟社企劃的電話來得不太尋常。「導演！恩典早上破水了！她現在已經被送到高雄民生醫院了！」啊？預產期不是九月十四日嗎？一年多來，從恩典懷孕、產檢，幫寶寶添購嬰兒用品……我們一路拍攝著「范范之輩」紀錄片，記錄著肚子一天天變大，就等這一天，把生產的寶貴畫面保留下來……只是，計畫趕不上變化，變化趕不上恩典肚皮上準備下刀的這一劃，這一刻，攝影隊還在台北，恩典已經在高雄的開刀房。

這樣，趕得及嗎？我聽著電話，心裡面卻開始不安著……

「恩典說，她要等到攝影隊到了再開刀。因爲她說答應過范大哥，要把這畫面好好的記錄下來……」光啓社企劃杜丹轉述恩典的想法。一樣當過媽媽的她，卻開始心疼著恩典可能要忍受的陣痛。

其實，剖腹產的恩典本來應該是不用經歷陣痛過程的。恩典小時候脊椎動過牽引手術，雖有改善，但仍然有明顯的脊柱變形，懷孕自然比一般人辛苦。懷孕期間腹壓的增加，影響脊柱，加上恩典所有動作都是腳來腳去，常需要把腳抬高，早產的機率相對提高許多。主治大夫鍾主任本來就建議恩典剖腹產。而一般剖腹產算好時間，一麻醉，其實產婦是不需要嚐到陣痛滋味的。然而，爲了這個之前與我們的約定，恩典願意忍受著陣痛等待……也就是說，剖腹產和自然產的雙重感觸，她都得體驗。

我和攝影隊，開始展開不可能的任務——松山機場裡北高航空起飛前五分鐘趕到及時的班機、小港機場外的好心司機一路狂飆、高雄街道上幾個不得已的闖紅燈和逆向……終於趕在主治醫生最後的底限時間內順利進入產房，差點撐不下去的恩典看到攝影隊後也不顧剛剛的陣痛，忍著痛跟我們點頭示意，也放下心把自己交給醫生。

若不是恩典的積極把握，若不是恩典的信諾堅持，是會錯過生產這一刻的美好的。這就是恩典，一個懂得「尙屋」的女子。「尙屋」這個詞是我給恩典的專屬形容詞，其實就是「掌握」。不過恩典沒有雙手，所以把這兩個字的手拿掉，就是「尙屋」。

恩典一直都很懂得自己要的生活，自己要的懂得去掌握，懂得去「尙屋」。其實恩典是很多台灣人的共同記憶，不管是小時候被經國先生抱起來的郵票，或是在口足繪畫的成就。經國先生到六龜育幼院看到三歲的恩典沒有手，把恩典抱起來，經國先生一句：「你還有腳啊！可以做很多事……」這句話從此改變了恩典的一生，舉凡吃飯、刷牙、穿衣，還有最厲害的畫畫，恩典都一腳包辦。在拍攝「范范之輩」紀錄片裡，我看著她用腳拿牙刷、擠牙膏、金雞獨立地刷著牙，用腳拿湯匙吃飯，一點都不需假手他人……因爲她很清楚，生活是要自己來的，如果連這麼日常生活的事情都要靠別人，那就很難自己獨立。這樣的觀念延至她後來對繪畫的興趣——也是事業，對於她的人生，她用她的雙腳去「尙屋」。

女人愛美這權利，恩典也不想錯過，也懂得掌握。如果你看她畫一次妝，上化妝水、塗腮紅、畫眼影、塗口紅，甚至微細到耳環穿耳洞，恩典一樣都能打扮出自己要的美麗，只不過所有動作都是用腳完成的，你會發現，跟每個愛美的女人都沒兩樣，恩典也很懂得「尙屋」了自己的美。

與恩典的結緣，是在幾年前主持公共電視「生活大作戰」節目，恩典和他的先生陳信義是我們首集的來賓，他們的喜訊也是第一次在這次開播記者會裡正式公開，也在節目裡秀出了腳上套上的結婚戒指。恩典和信義因爲一通只是爲了想知道對方是誰的手機，而結起一段聽來不可思議的緣分，第一通電話就講了五個小時。這手機情緣開始了信義對恩典的體貼，也一起努力說服公婆對婚姻的質疑，漸漸地，恩典覺得，這個男人將會成爲她的手……

信義眞的是我見過數一數二的溫柔男人，一次訪談裡談到他跟恩典之間，他是這麼說過的：

恩典她常常問我，會不會愛她一輩子？
我跟她說，你覺得我今天愛不愛你？
如果你覺得我今天是愛你的
那我明天也會這樣愛你

其實我也很想知道，我會不會愛她一輩子？

所以我跟她說
等我嚥下最後那口氣的那一天
你再跟我說我這輩子愛不愛你？

這樣的話很美，但是我看到信義爲恩典做的改變更美。他對恩典的細心呵護，從不會下廚，看電視上網查食譜做菜開始，他從媽媽口中連自己都照顧不好的兒子，變成一手撐起家的超級奶爸……或許眞的是上帝一直在恩典身上讓愛實現著，包括遇到了信義。在認識夫婿信義之前，恩典也曾遇過其他追求者，但每每遇到對方家裡的反對阻撓就打退堂鼓，恩典一度也曾問自己，也問上帝，「難道我就不配擁有一個婚姻？」不過這樣的疑問，並沒有打消恩典對幸福的追求，她明白，幸福是可以自己「尙屋」的。

然而，我自己很清楚，就算我們平常跟一般人的相處並沒有什麼困難，但遇到了另一半，自己身體畢竟有些不同，一如我的腳，一如恩典的變形脊椎或是背上L型的傷疤，相處時，會不會有所顧忌？恩典笑了笑，直說她不覺得是問題，她覺得都很自然，甚至她覺得，如果要交往的對象連這個都不能克服，那也沒什麼好談。她的自信與堅定，也讓我再一次印證了這個女子「尙屋」關於自己幸福的原則。

貞德，恩典的女兒，也是我的乾女兒，在去年開心的舉辦抓周慶生。貞德眞的是天生名模，從小就很愛搶鏡頭，幾次她哭得厲害，只要一看到鏡頭在拍她，馬上就會收起淚滴，望向鏡頭。她先是拿起麥克風，儼然就是名模轉成主播，隨即又拿起與會嘉賓高金素梅立委的立法院證件，似乎意味著棄影從政，而且最後還神來一筆抓起東森媒體執行長王世鈞的白金卡，逗得大家開懷。

我看著一旁恩典的臉上，掩不住的幸福感。恩典從來沒有想過可以有一個自己的小孩，或許當一個母親，對恩典而言本來是個奢侈的想法，尤其是歷經過流產不愉快的經驗，但是恩典也沒有放棄當媽媽的想望，上帝也並沒有讓她失望。一年來，照顧女兒貞德，恩典堅持餵母奶，甚至剛開始每半個小時就要喝一次奶，用腳幫貞德換尿布……只要貞德平平安安長大，辛苦一點也很値得。

對於她要的幸福，她一直用她的方式去追求，去掌握，去「尙屋」。

恩典先天上比別人少了點東西，無形中卻又比別人多了些東西，其中就包括了「態度」。以前很多人問楊牧師，爲什麼取個名叫恩典？楊牧師說，她沒有手，上學時大家在打掃，她不用掃地搬桌椅，老師也要特別關愛她，上帝免除了她的勞役，這不就是恩典嗎？這樣的正面思考，恩典也傳承了楊牧師這樣的樂觀樂天，這或許是上帝希望在恩典身上被看到的：「不要擔心陰影，因爲這樣表示我們正活在陽光下。」

在恩典的身上，我看到了一個懂得「尙屋」的幸福女子，也看見了上帝那雙看不見的手，揮動著用愛剪裁成的衣袖，讓一切美好的事物發生著……

推薦序

神的恩典

楊子江（楊恩典的二哥）

恩典是我從小看大或協助媽媽帶大的，她就是我的小妹妹，對她的成長、成家，認識自然比其他的人多。

首先要非常感謝幼鳳姊以及鳳鳴兄，對恩典和六龜育幼院這麼長期的大力支持及愛護，令人心感。多年前，鳳鳴兄風塵僕僕的帶著攝影小組，從台北專程來六龜拍攝楊恩典的故事，當時我就感受到鳳鳴兄在專業細膩及敬業態度中，散發出一種脫俗清新悲天憫人的情懷。鳳鳴兄返北後，在家常與妻子幼鳳姊提到六龜的人、地、事、物，也讓幼鳳姊常想到要來探望我們，終於在百忙中挪出空來，並在育幼院中住了數日。時間雖短，幼鳳姊卻能以其專業寫作才華，很快就整理出版了《擁抱，生命中的每一分鐘》一書，令人激賞。

書中將恩典的刻苦成長過程，做了很詳盡的描述，對閱讀過此書的人都有很大的啓示和激勵。同時，更爲感人的是幼鳳姊的愛心，當時就將初版的版稅也都無私的捐給了山地育幼院，做爲孩子們的生活教育費用，令人感動萬分。

陪母親去壽山派出所接回楊恩典，屈指一算迄今有三十三個年頭了。那年我正好滿二十歲，留在家中協助父母親，照顧這個百人的大家庭。母親顧念其幼小殘缺脆弱，決定全天候自己來擔負起養育責任。父親一向樂觀愛　神愛人，給她取名叫「恩典」。隔兩天，洗澡時，臍帶才脫落下來。

小恩典都依偎在母親的背上成長茁壯，片刻不離。若她發現母親沒有出現在其視線內，就會聲嘶力竭的放聲大哭，直到母親出現爲止。恩典對母親的依賴，直到小學五、六年級才逐漸的鬆脫。

恩典從小就聰明伶俐，好奇好動，看到別人做什麼她都想學，靜者如寫字、畫畫，動者如包水餃、彈琴、灌蟋蟀……樣樣都來，甚至連樹上的鳥巢，她都會想辦法讓大一點的同伴舉起她來，用腳去觸探一下。而我常提醒她的玩伴要注意，千萬不要讓她摔倒，因爲她毫無招架之力，鄉下的路崎嶇不平，幸　上帝保佑，她從未跌倒過。

進入青春期的恩典，由於長期使用唯一正常的左腳，以致造成脊椎骨側彎。幸蒙當時總統經國先生關愛，協助其進入台北振興復健中心接受手術矯正。在父母親的薰陶下，恩典學會接受自己，樂天達觀。

國中畢業後，爲學一技之長，向楊鄂西國畫老師拜師學藝。剛開始我常帶著她搭計程車去老師家上課，後來漸漸就教她認路搭電梯，並學習自己搭乘計程車來回。她學習到新的事物，常常興奮得會回來告訴我。

恩典自學會畫畫後，一直想爲這個大家庭盡點心力，平時讀書，週末則作畫義賣。有時也會應學校、教會或社團邀請講演，並現身說法以腳作畫啓示勉勵，對聽衆學子大有助益。

二〇〇二年九月，恩典與信義因著上帝安排一通誤打的電話而認識交往，終於結成連理。有信有義的「信義」，接納了神的「恩典」，恩典也步入了人生另一階段的新生活。

信義是一位信守承諾的義人，爲人謙和有禮，重責任愛家人，婚後一年多，即毅然辭去已工作多年並很穩定的大廠專業汽車修護士職務，以專心照顧恩典並輔佐恩典從事藝術專業畫畫爲職志。如此愛心犧牲，著實令人心感。

二〇〇五年八月底，上帝賜給他們一個美麗健康可愛的小女嬰——父親爲她取名「貞德」，像極了恩典小時候的模樣，人見人愛。現她已會跌跌撞撞的小跑步，動作機伶，好奇心重，一不留心就翻箱倒櫃，弄得信義恩典啼笑皆非，忙不勝忙。恩典開始體驗到做母親的辛苦，也常跟我提起深深感受到古謂：「生育容易，養育艱難。」的道理，並對母親林鳳英女士早年在困苦生活中，片刻不離的悉心照顧，更爲欽佩及感念不已。

多年來，我常陪同育幼院詩班到國內外演唱，有一首詩歌，名叫「那雙看不見的手」，就是「那雙看不見的手」，觸摸、醫治、撫慰並塡滿了我們憂傷痛苦、殘缺的心靈。恩典雖生來軀體殘缺，但透過「那雙看不見的手」的祝福，她知足感恩，勇敢並樂觀地迎向前面未知的道路，上帝更續加添使她內心感受到無比充滿及豐富的甜蜜果實。

推薦序

左擁右抱的幸福

陳信義

去年冬天，我們一家人搭著赴美的班機，在機上，我望著身旁因旅程疲累而沉睡的恩典，及懷中滿臉巧克力屑，吵了一夜後，終於睡著的女兒；睡夢中，稚嫩的臉龐泛著甜甜的笑容，似乎仍為人生第一次品嘗巧克力而感到高興。難以想像，幾個小時前，我推著三大箱行李、嬰兒車，身上背著太太的包包，一手抱著女兒，偶爾還得彎腰由行李中抽出護照、機票，以應付航警的盤查。如今卻能輕鬆的欣賞，我生命中最重要的兩個女人。思緒頓時回到從前，小時候的時光。

小時候，我的家和大部分的家庭一樣，不算太富裕，靠爸爸每天工作十二小時，及媽媽努力做手工邊帶小孩，養大我們三兄弟。媽媽會在天未亮前，起床幫爸爸準備午餐的飯盒。她總會準備兩隻雞腿，一隻給爸爸，另一隻則分成三等份給我們三兄弟，自己吃著隔夜的剩菜剩飯，及一些雞骨頭。我問媽媽為什麼喜歡雞骨頭？她告訴我，骨頭比肉好吃，雖聽媽媽這麼說，心中仍是半信半疑，怎麼會有人喜歡吃骨頭呢？如今有了家庭，我總會把雞腿上的肉切下來，一小塊切碎給小貞德，其他就給不擅剔骨頭的恩典，自己則吃著剩下的骨頭，及隔餐的飯菜。終於能夠明白，當年媽媽的心思。原來愛一個人、愛一個家就是如此，什麼都可以放棄和犧牲。不過吃多了剩菜剩飯，體重也持續增加，別人的幸福表現在臉上，我的幸福卻在肚子上。恩典和小貞德似乎都喜歡在我的大肚皮上過夜，恩典說，我的肚皮軟軟的很像沙發，躺起來特別舒服。

本以為這輩子會在修車廠終老，和恩典認識稱不上一見鍾情，想法及生活圈，有著天差地遠的感覺。但最後卻譜出戀曲，還結了婚，更生了小孩。很多人問我為什麼會想和一個沒有雙手的女孩子交往、結婚。事實上我也不清楚，也許是受楊媽媽的感動，也許是恩典強韌的生命力，也許是她的才華、美貌，也或許是不方便的恩典需要幫忙扶助，因而激起原本潛藏在我內心深處，想保護弱者，大男人主義的心吧！不過我想愛一個人的原因是什麼並不重要，若想離開一個人，什麼理由都編得出來。況且，自認不是英俊挺拔的多金漢，我才是該感到幸運的人。因爲工作關係，長久以來個性變得自我，雖然偶爾也會考慮別人的立場，但也止於閃過的念頭，從未眞的付出行動。直到恩典出現，甚至小貞德誕生，使我徹底放棄自己的事業、喜好，可以說屬於自己的人生已經過完，接下來過的是恩典的日子，及因爲恩典而衍生出來的一切。往後的日子，我必須學習煮飯、炒菜、洗衣……等家務，學習製作投影片、資料整理、活動規畫與恩典演講的相關工作，更要學著適應媒體採訪，及演講場合免不了要上台亮相。

在計畫懷孕期間，努力從網路或親友間，了解懷孕、生產相關知識與注意事項，產後做月子的護理、育嬰等種種事項。記得第一次幫恩典戴耳環，這對做慣粗活的我而言，是不可思議的事，手忙腳亂的情形下，竟把耳環弄彎了，自己更是滿頭大汗，而難以想像的事還不止於此，舉凡：洗衣、煮飯、裱畫、育兒……無一不是難題，但熟能生巧、勤能補拙。寶寶的生活起居，通常是我一手包辦，這樣恩典可以無後顧之憂的創作。記得剛開始幫寶寶換尿布時，我的紀錄是一次要準備五片，因爲動作太慢了，往往一片還沒包好，卻又尿出來了。爲了滿足恩典當母親的渴望，有時會幫恩典改良育嬰方法，讓她也有機會照料小孩。不過生活上還是有苦惱的事，像在台灣的公共場所，尿布台大部分在女廁，一個大男人帶著兩個女生上女廁所，外人看來總是怪怪的。尤其愛美的恩典，在女廁所內還要我幫她補口紅、梳頭髮。自我們結婚消息曝光後，接連幾次的新聞報導及電視節目播出，一夕間我竟然也成了眾所皆知的人物，甚至於獨自一人，也會被認出來。有一次買漢堡時，竟被店員指著說：「哦！我知道你是楊恩典的『老公』。」上市場，會有小販無故跑來送我雞、鴨、魚、肉，並要我好好照顧恩典。

我當然會好好照顧她，這是自己決定的路，更經過千辛萬苦的努力，向雙方父母保證，並與恩典一同爭取來的。我有權利維護這份成果，更有義務兌現自己的承諾。在我生命中除了遇到讓我感動的人以外，甚至婚後也遇到驚心動魄的事情，如今回想還餘悸猶存……有一次颱風又下雨天，載著要去演講的恩典，高速公路上，對面車道飛來一塊大型壓克力板。眼見根本躲不開，心想完了，突然，一陣風把看似飛刀的板子吹開，就差不到五公分，只打中後照鏡。旁邊車輛驚歎不已，搖起車窗關心我們。另一件事發生在車輪爆胎送修後，開回家一路還是怪怪的。時間是午夜十二點，因隔日恩典要去演講，只好拜託以前修車同事幫忙檢查，試開後的他，直呼太恐怖了，要命啊！問我們送修後開了多久？從哪裡開來？驚駭之餘，才說明：輪胎根本沒上螺絲。我們深信，那雙看不見的手一直與我們同在、保護著我們，感謝 上帝。

對我而言，家是我的全部，而家人是我所有的資產，我將用剩下的歲月照顧這份產業。恩典曾問我，如果人生重來，是否仍會選擇與她共度餘生。我告訴她，現在的生活，我很滿足、快樂，我想不到什麼理由重來一次。

從前恩典依賴院長媽媽，如今依賴我。我會努力讓她更堅強，任何時候可以獨自面對生活。同時我會告訴我的女兒——貞德，「如果你長大後，能有堅強的生命力，不被困境打倒的勇氣，那一定是來自你母親的遺傳。你的母親教會了我，無論本身擁有什麼都要珍惜，哪怕只剩下一雙腳，都要感恩。只要不放棄，一定能爲自己找到出路，相信你也能明白。如果有一天我先你們一步離去，你要代替我，成爲你母親的另一雙手，扶助她，因爲她曾爲你受苦，即使沒有手，卻仍努力照顧你，因爲她是最愛你的媽媽。」

作者序

多給我們幾個楊恩典！

胡幼鳳

在令人焦慮的年代，楊恩典的故事有如一泓清泉！

二〇〇〇年我和楊恩典合作，出版了《擁抱，生命中的每一分鐘》。當時我是被創辦六龜山地育幼院的楊煦牧師與楊師母感動，他們以無比的愛心，先後培育了六百名孤兒，其中最出名的就是蔣經國總統抱過的無臂孤女楊恩典。我和恩典立下宏願，要以感恩的心，寫下她一生的傳奇，爲這個社會播下愛的種子。

此後，她帶著這本書，到處演講，並義賣書籍，所得挹注六龜育幼院。在這六年間，楊恩典戀愛、結婚、生女，這些人生的重大變化，使我們決定添加新題材，準備開始寫第二本書，但心中無不猶豫，恩典曾以無臂孤女的奮鬥感動了全台灣的人，現在的她似乎宿願得償，有夫有女，她還有什麼事蹟是足以感動人心的呢？

二〇〇六年政局紛擾，藍綠對峙最嚴重的時刻，我在「聯合報」報導了楊恩典在哺育愛女之外，還捐母乳給血友病童，並串連南北的愛心媽媽一起捐贈母乳，引起了社會很多迴響。「中國時報」登出一則讀者投書，標題是「多給我們幾個楊恩典！」

這位署名卓然的文字工作者寫道：「在現今藍綠對抗令人焦慮，清廉貪腐糾纏不休的年代，楊恩典這三個字，彷彿就是上天賜予我們的一縷甘泉，她雖然天生少了一雙手，她能做的，卻比那些三頭六臂的人還多。」這名讀者不但投書希望政治天王們能夠反躬自省，還下了這樣的結論：「我們的社會再也不缺什麼天王了，我們只需要多幾個楊恩典。」

我下定決心開始寫，這個決定讓我的痛苦指數也跟著升高不少。我和恩典兩個夜貓子常犧牲睡眠，半夜，透過電話、msn、e-mail溝通。即使她赴美，我們也利用msn保持聯繫及修改稿件。

打從五年前，恩典熱戀時，帶著男友北上和我見面，第一次見到陳信義，我就覺得他們之間的情緣來得奇妙。信義沉默靦覥，餵她吃菜體貼入微，到女廁照顧她如廁，卻有著不顧世俗的熱情與勇敢，我暗自擔心：過了熱戀期，這種耐心能維持多久？

沒多久，恩典告訴我，她結婚了，是二哥「臨時通知」她的，我好意外，但轉念這正是典型的楊家人結婚方式，楊家大哥、二哥都是這樣突然就和心儀的對象結婚的。對他們來說，上帝的指引就是良辰吉日。

她一直很擔心消息見報帶給保守的陳家壓力，結婚消息一見報，我被恩典打來的電話吵醒，「慘了，電視台的SNG車都開到信義工作的地點去了，我很擔心他的老闆會生氣，會害信義丟了工作，怎麼辦？」

恩典的話，讓我心爲之一揪，一打開電視，果然所有的電子媒體都跟進大肆報導。我替信義擔心起來，因爲媒體瘋狂追逐的壓力，的確不是一般人可以承受的。只是不一會兒，我看到電視現場轉播，信義由修理的大巴士底下鑽出來，泰然自若地面對鏡頭侃侃而談，我大感意外，心想「別小看這個老實男人的抗壓性」。

他們一起北上，參加張鳳鳴製作、范可欽主持的公視節目「生活大作戰」，信義讓大家見識到一位修理汽車黑手的深情與幽默感。好多人都好羨慕恩典，嫁到這麼一個體貼深情的好老公。

過了沒幾個月，恩典告訴我，信義辭職了，我以爲眞是我害他丟了工作，正在自責，恩典告訴我這是他們共同的決定。我又不禁擔心這樣的生活，他們能過多久？信義會不會因爲娶了名人，被矮化而心理失衡？

但信義一再讓我驚訝連連！也證明我一切的擔心是多餘的。

有種人給你感覺，像風像火像電，不時在變化；有種人給你感覺，像木像石像山，認識他一天，就像已認識他一輩子了，信義原本給我的感覺是後者，但他卻不斷讓我知道，「你看走眼了！」

信義是潛力無限，意志力驚人的超級奶爸。我利用年休南下去探訪恩典，住在他們的小窩中，就近觀察這對新手父母的生活。

他們坐落在屏東鄉下的透天厝，雅致舒適，一塵不染到讓人懷疑主人有潔癖。信義常趴在地上，用抹布用力擦拭，務必讓女兒在一個整潔又安全的環境下成長。

信義手腳俐落，在廚房裡很快就能炒出一盤豆苗干貝，翠綠雪白相映，可口營養又好看。當恩典哺育貞德時，他拿出擠奶器與集乳袋，在一旁花費幾小時為一位素昧平生的中英混血小男孩集乳，然後把集乳袋冷凍起來寄到台北。這程序繁瑣且費時，他們不但未收酬勞，還自己買集乳袋、貼宅急便的錢。

幾個月後，恩典再捐乳給台中的血友病童，並發起捐母乳活動，信義和她還帶著禮物去台中看血友病童的媽媽，病童媽媽驚訝之餘，不知如何表達感激，恩典只是淡淡一句：「這不算什麼，將來你們有能力的時候，也可以去幫助別人。」

他們的生活並不富裕，還在繳房貸、開舊車，但卻常不計代價的付出，六龜育幼院眞的是個磁場特別的地方，凡去那裡的人，都會經歷一場心靈革命與洗禮，並且受到楊伯伯、楊媽媽那種義無反顧、慷慨付出的影響，信義已經完全被同化了。

我去探望楊伯伯和楊媽媽，兩位耄耋之年的老人，仍然不忘隨時要施惠於人，楊媽媽送了我她親手做的香椿醬。楊伯伯送了我一張育幼院合唱團唱的「那雙看不見的手」的CD。

六年前，我第一次聽到這首歌，當時育幼院用很克難的方式錄音，會議室的天花板像是飛毯組合成的天空，牆壁和天花板都釘著彩色的毛毯和被子隔音，那畫面讓我聯想到盧貝松「第五元素」中計程車停在空中的景象。

電影名配樂張弘毅的弟弟張弘文，當時是中山大學光電工程研究所的副教授，免費提供最先進的八音軌錄音設備，爲他們錄CD。合唱團中有一對姊妹花，原是令人頭痛的問題小孩，小小年紀歷經滄桑，初期常常逃「家」，但姊妹倆一起被選進合唱團後，脫胎換骨，不再撿菸蒂抽、不再逃學逃家，融入了這個大家庭。

每次唱到那首「那雙看不見的手」，她們就會情不自禁的淚流滿面，似乎感受到那雙看不見的手，正在撫慰她們受創的心靈，洗滌她們經歷過的苦難、創痛、罪愆。

我第一次聆聽「那雙看不見的手」，也不由自主地被感動。這首歌詞優美的詩歌，在山地傳唱多年，原作者已不可考，歌詞如下：

雖不見祢，觸不到祢，
但是我知，祢正在對我低語。
喔主耶穌！喔主耶穌！
我深知道祢一直就在這裡。

是祢的手，釘痕的手，
重新撫慰，我那破碎的心田。
是祢聲音，溫柔話語，
再度填滿我心靈中的飢渴。

或許就是那雙看不見的手，一直在帶領我，不斷地造訪這塊原本和我生活圈完全搭不上邊的六龜育幼院；那雙看不見的手，一直在照顧著這群被社會遺忘的孩子，讓他們在這充滿愛心的地方，重新再站起來。

在完成此書之前，我和恩典曾討論過這本書還是要保留過去有關她成長的精采篇章，她現在擁有了幸福，固然是那雙看不見的手，撥了一通奇妙的手機，但當初是楊伯伯和楊媽媽一路費盡心思，以愛心扶持、誘導、鼓勵，她才能樂觀堅強地克服種種先天的障礙，擺脫無臂孤女的悲情，成爲國際知名的口足畫家。今天楊恩典奮鬥得來的成就，可能是很多人歆羨的，她樂於回饋是值得敬佩的，但是站在她背後有多少人呢？這個社會需要多幾個楊恩典，我也期望再多幾個陳信義，多幾個楊伯伯和楊媽媽，多幾個有六龜精神的人，願意在鎂光燈照不到的地方，當那雙看不見的手！

作者序
沒有雙手也可以擁抱幸福

楊恩典

記得小時候我常常問媽媽：「是不是長大以後手手就會長出來了？」隨著年齡增長，我慢慢學習接受這不可能改變「殘酷」的事實。即便如此，上帝並沒有離棄我，在我的生命中透過許多人的手幫助我，給我溫暖、關懷，因此從小就在「愛」中成長的我是幸福的。

由於經國先生的出現，一夕間我成了媒體焦點，在鏡頭下成長，活像在透明櫥窗裡。總有許多不認識的人來育幼院看我，從不適應到坦然接受，在我生命中最重要、最愛我的爸爸、媽媽、哥哥、姊姊不斷以「愛」教導我，讓我可以用健康的心面對自己，以平常心面對人群。拙於言詞的我，甚至可以國內外四處演講，見證上帝給予我生命中的美好。我的故事，除了用鏡頭記錄以外，也以文字敘述。上一本《擁抱，生命中的每一分鐘》深受好評。我堅信唯有心裡很美的人，才能寫出感人之語。爲了眞實記錄我的生活，平日忙碌的胡姊拋開所有事物，遠從台北南下置身於育幼院好長一段時間，她從早到晚和我相處，用她細膩的心觀察我的起居生活。我告訴胡姊，我的故事除了可以鼓勵人之外，更重要的，我想表達心中的感恩，對所有幫助過我的人說聲：「謝謝！」很感謝善良的胡姊幫我完成了心願。我常常在想，當年若不是育幼院的爸爸、媽媽好心收養我、愛我，不可能有今天的楊恩典。或許我只是浸泡在福馬林製的「嬰兒標本」。更別說遇到經國先生，還能得到他的鼓勵與肯定。學書法、繪畫，到結婚生子，天啊！太不可思議了。

除了沒有雙手的外表，幾乎讓我認爲，我和一般女生沒有兩樣。青春期的我，也擁有一般少女的心思，愛打扮、愛幻想、愛做夢。育幼院一到假日，有些來往的遊客，愛漂亮的我，總愛研究女遊客臉上的妝和衣物，加上看到成雙成對的情侶們，或是美滿家庭組合，心裡眞是羨慕極了！並幻想著王子、公主故事一定有美麗的結局。小女孩長大了，人家說長頭髮的女生比較吃香，也許吧！因此我的身邊總不乏追求者，他們會送上巧克力，帶著玫瑰花，並獻上他們的眞誠，一點一滴的構築著王子與公主般的夢，我也期待那幸福的結局來臨。日子一天天過去，王子時時更替，但結果卻都相同，也許王子們並不太在乎，公主外形特別不同，但他們的家人卻不這麼想。就這樣一個接一個美麗的夢，最後卻是如出一轍的幻滅，但我仍不死心，始終認爲，上帝會幫我準備更適合我的幸福。一次次的求告上帝，但情況卻未見好轉。嫁到美國的姊姊安慰我說：「也許這裡並沒有適合我的幸福。」她說：「大多數的外國人比較和善、有愛心，赴美深造也許會遇到適合的對象。」幾番思索，總放不下年邁的爸媽、放不下這塊熟悉的土地，也放不下交往七年、若即若離的男友，雖然交往七年，仍得不到他父母同意。就在傷痛之際，感謝上帝爲我預備了已久的幸福。

如果有人告訴我將來會嫁給一個修車技師，我一定會告訴他「不可能」，這種和我生活扯不上邊的人，有可能嗎？修車技師不就是滿身油污的老頭嗎？而一通不知名的電話，開啓了一段幸福。記得對信義第一眼的印象，是一個開著老舊廂型車，穿著老氣的年輕人。看得出不擅打扮的他，努力梳了爸爸最愛的西裝頭，上身穿的是一件看起來很新，卻不怎麼合身，還帶有一股樟腦丸味道的黃色襯衫、一件燙得平整的老舊西裝褲、一雙很像阿兵哥穿的發亮皮鞋，走起路來還有喀喀聲。他看起來老實，說起話來慢條斯理，就連想法也比他的實際年齡大很多。他善於分析事理，對於我失敗的戀情並不以爲意，他告訴我，對方家人反對一定有反對的理由，只要找出原因，就能克服。我笑他說的容易，自己也做不到吧！最後居然靠著他的方法，同心克服了他父母的反對，得到期待已久的幸福。

結婚後，很多人問我過得幸福嗎？我說幸福不是只有掛在嘴邊，幸福其實可以很簡單，也許是一個小動作，舉凡：當他累到睡覺時忘了摘下眼鏡，我會輕輕的幫他拿起。或是兩人有口角時，一個深情擁抱，可以化解所有的不愉快。他教我用不同的角度來看事情，會有更多方法解決問題。因此，現在無論是演講活動，或是作畫內容，構圖方式，他總能給我很多又好、又有效果的建議，相信他是上帝給我的另一雙手。他說他的手就是我的手，所以他代我孝順父母、公婆，代我照顧小孩，料理三餐，整理家務，有時眞捨不得他爲我做這麼多事，要他多休息。他會告訴我，因爲我是他妻子，爲我做點事是應該的。他說我的生命來自育幼院的養育，及社會上很多人的關心，並承襲很多人的愛心，應該回饋給曾幫助我的人，或需要幫助的人。他自己的能力很有限，無法像育幼院楊爸爸、楊媽媽照顧這麼多人，但他可以盡力照顧我。他說我的故事可以感動許多人，也許能有人因爲我的故事而更珍惜自己的生命，那他一切的努力也就値得。如果想答謝他，一份豬頭皮，或一碗豬腳飯就好了。

我很幸運，能遇到很多好人，總是不顧一切的幫助我成長，甚至走過流產的傷痛。今天能有個幸福的家，及愛我的人，除了感謝上帝用那雙看不見的手一直照顧我，感謝育幼院的爸爸、媽媽，還要感謝社會的溫暖，和數算不完的人們，給我幫助與關懷。我也將用剩下的歲月來回饋給這個社會及我成長的家——六龜山地育幼院。現在的小貞德喝母奶之前，總會用力的點點頭謝謝。我要告訴我的小孩，教她做一個感恩的人，懂得飲水思源，當有一天成功了，要記得回饋，社會上還有許多人需要幫助，不要吝於付出，因爲幫助人是一件快樂的事，妳的媽媽就是這樣走過來的。

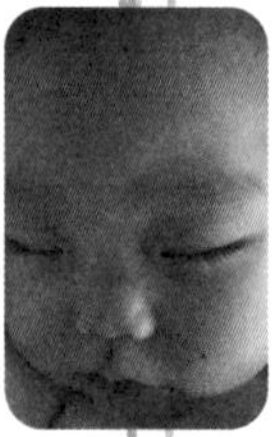

Contents

推薦序

003 一個懂得「尚屋」的女子　范可欽

010 神的恩典　楊子江

014 左擁右抱的幸福　陳信義

作者序

019 多給我們幾個楊恩典！　胡幼鳳

027 沒有雙手也可以擁抱幸福　楊恩典

前言

035 那雙看不見的手

一定可以找到幸福的

041 奇妙的手機

045 第一次約會

055 你不會比我慘吧？

059 劍拔弩張的談判

068 熱戀淚痕

077 意外的婚禮

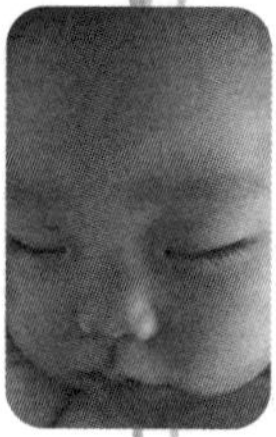

Contents

奇異恩典在我家

媽媽是地上的光 085

奇異恩典 096

爸爸的白色謊言 102

走！上學去！

跳芭蕾舞學走路 111

小朋友的人牆 116

哇！俠女被蠶寶寶打敗 120

小小門鈴阻礙學畫路 124

睡了一年耶！ 129

萬能雙腳開飛機 138

走！二十三歲上高中 144

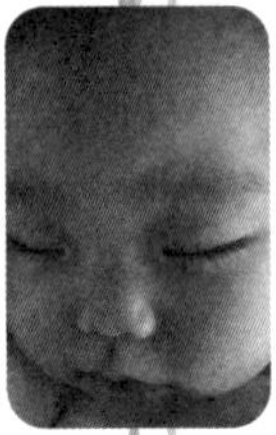

Contents

人不爲自己活，最幸福

153 都是手機惹的禍

158 婆媳過招都靠他拆招！

166 不孕三溫暖

173 誰是爸爸？

179 我是外星人？

當幸福來敲門

197 蔣經國是我的幸運符

207 Love 的記號

216 打開心門

222 無臂典子摺紙鶴的啓發

229 拜觀音的手，揮舞藤條

245 何必等中樂透

結語

253 擁抱愛

前言

那雙看不見的手

儘管人們看到的我，永遠是開心、從容，
卻沒有人知道我背後流下了多少椎心刺骨的淚，
但，這一切都是值得的。

從一個被丟在豬肉攤上的無臂棄嬰，到成為用腳作畫的口足畫家，在生命中，不斷地由痛苦中體驗愛，每一步腳印，都帶著我走向更多奇遇。

我是棄嬰，卻擁有更多的關愛。從小到青少年期，我經歷過幾次大小矯正手術，透過我有缺陷的身體，讓世人見證這充滿了溫暖與愛的世界。

我沒有雙手，卻擅長畫寫意花鳥。我成長在偏僻的六龜山地育幼院裡，卻可以有幸見到三位總統與很多大人物來訪。我拙於言詞，卻能遠渡重洋四處演講。

我原本以爲此生終將孤單，卻遇到大家公認的「宇宙無敵超級好老公」陳信義，種種奇妙的境遇，讓我深信有雙看不見的手，一直在照顧著我。

我望著懷裡滿足地吸著奶的貞德，她小小的身軀緊緊偎依著我，她正睜著圓圓大大的眼睛望著我，粉嫩的右手放在我唇邊，沁透著香香的奶娃味。她另一隻小手很有勁的拉著我的頭髮，捏擠著我臉上、脖上的肉；她新長的乳牙，正磨咬著我，每一下她所帶來的痛楚，都彷彿甜蜜地提醒著我「這一切不是夢」，而只要我發出「陳貞德，很痛耶！」的叫聲，她就會停下來，咧開嘴對我笑。望著她天使般燦爛的笑容，我總會在心裡暗嘆一次「上帝啊！感謝祢的恩典」。

我天生沒有雙臂更別說手，這輩子都沒有機會用雙手抱自己的小孩，但幸運的是，我還有萬能的雙腳，可以用腳抱小貞德爲她換尿布、洗衣、摺衣物、掏耳朵並陪她玩耍。

上帝還給我豐沛的乳汁，讓我可以當貞德的7-11大奶瓶。靠這樣的恩賜，我的乳汁除了餵貞德，還可以多供應兩個小孩。從貞德半歲，我就開始捐奶給一個遠從英國回來的小男嬰；貞德十一個月時，我發起捐助母乳活動，捐給住在台中后里的一位血友病小男嬰等……

打從貞德出生，我就常被問到：「你期望女兒將來成爲什麼樣的人？」信義總會開玩笑地說：「她這麼會吃，未來希望她可以成爲大胃王的冠軍。」而我們眞正共同的期望是：「希望她成爲一個有愛心的人。」所以在她小時候，我就想著要和信義做她的榜樣，只要我有能力回饋社會，一定盡力而爲，因爲幫助人是一件快樂的事。

去年第一次以媽媽的身分過母親節，超感動的！之前我曾經歷過不孕的焦慮、驚心動魄大出血的流產，再次懷孕，到懷胎五個月時，又因體重增加，右膝承受不住而韌帶斷裂，有幾個月不良於行。時光更往前推，我曾經嘗盡失戀的苦果，但對婚姻的憧憬，使我勇敢面對感情的傷害，也終於因我和信義的努力，讓原本反對的公婆，爲我們的婚姻祝福。

儘管人們看到的我，永遠是開心、從容，沒有人知道我背後流下了多少椎心刺骨的淚，但這一切都是值得的。

對我來說，生命不只是一場接一場的戰鬥，也是一場饗宴，更多精采的還在後頭。

我曾在小時候，天眞地問媽媽：「是不是長大以後，我的手就會長出來了？」這句話曾讓媽媽淚流滿面，帶著我跪下禱告，但我始終沒放棄希望，現在我終於遇到了上帝爲我預備的雙手。信義不只是我的雙手，也是我的頭腦、我的身心靈伴侶。我像奇蹟式的長出雙手，讓我擁抱女兒，擁抱愛。

一定可以找到幸福的

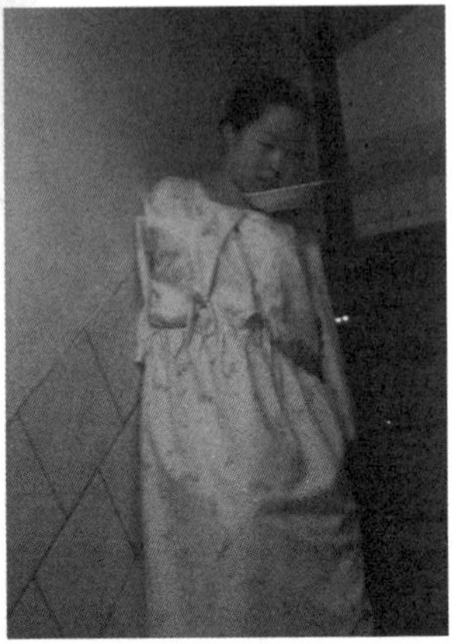

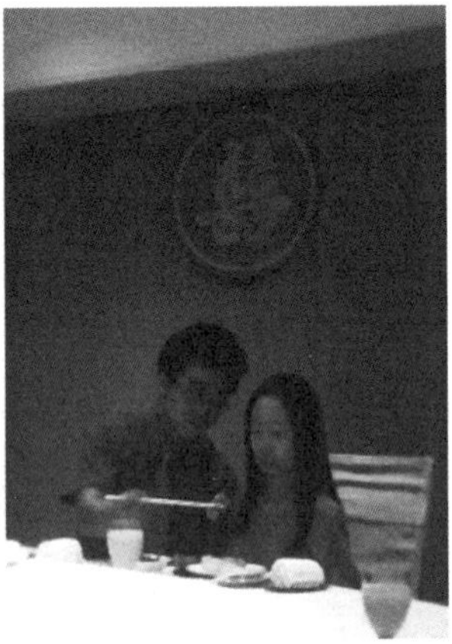

驚險萬狀夾著盤子下
樓梯的恩典，終於步
上禮堂，並生了一個
可愛的女兒。

奇妙的手機

我說：「我是口足畫家。」

他說：「口足畫家是做啥的？是賣膏藥還是賣檳榔的？」

最後我明示：「我是楊恩典。」

他也並沒有如我預期般恍然大悟的發出一聲：「喔！」

一通莫名奇妙的電話，開啓了一段幸福。

我和交往七年的前男友分手後，在某個百無聊賴的午夜時分，我拿出手機查看，看到手機中顯示了一通「未接電話」，我按下回撥，「請問你是誰？」但接電話的男生反問我：「那你又是誰？」並堅持不認識我，不曾打過電話給我，他說：「你打錯電話了吧！」

剛開始我認爲他在耍我：「我不可能打錯電話的，再說，我是回撥，如果你沒打給我，我不可能有你的電話。」

我一心認定他是我的朋友故意在開玩笑，於是想由聊天中套出他的身分。接電話的男生說他在汽車廠當技師，客戶偶爾會跟他借手機，可能是當時並沒有接通。他認爲我在開玩笑，「未接電話」怎麼可能在手機裡保留一個月？

雖然很多的不可能，奇妙的是，兩個素不相識、生活領域全無交集的陌生人就此打開了話匣子，一談竟然就是五個小時，而這五個小時，重點只是爲了問對方：「你是誰？」

我自封「話」家，用手機聊天，對我來說是很普通的事。住在深山裡，和朋友維繫感情，都是靠一機在「腳」，無遠弗屆，每個月的電話帳單本來就高得讓人咋舌。但對平日不多話、講電話不超過三分鐘，電話費很少超過基本費的陳信義而言，這可是一輩子不曾發生過的。

後來他告訴我說：「和你說話，很有意思，永遠有說不完的話題。」這樣的情況，一直維持到今天還是一樣，我們時常由半夜聊到天亮都停不下來。

對於這天外飛來的緣分，如果說不是上帝的安排，實在很難解釋怎麼會發生。

五個小時不知不覺一下子就過了，經過了反覆查問，我開始相信他可能真的不是我的朋友，但他究竟是誰呢？他也對我起了好奇心，一直問我：「你究竟是誰？」我也不說我是誰，不過最後天快亮了，憋不住，給了他三個提示：

第一：我告訴他「我住在六龜，住在育幼院裡」，他說沒去過。

第二：「我是口足畫家」，他說：「口足畫家是做啥的？是賣膏藥還是賣檳榔的？」

最後我明示「我是楊恩典」，他也並沒有如我預期般恍然大悟的發出一聲「喔」。他說：記得好像是一個月前，有個顧客向他借電話，打給一個叫什麼「典」的女生。他很肯定的告訴我說：「楊恩典？不認識。」當時有點洩氣，建議他上網去查一查或是向朋友打聽一下吧。

從小被冠上「蔣經國抱過的無臂孤女楊恩典」這樣的頭銜後，我幾乎一直是活在鎂光燈下，只要報出名字，無論認不認識我，大家都像對我很熟悉似的，會發出一聲「喔！你就是那個……」

我常感覺像生活在玻璃屋裡，自己像是被觀賞的動物。

長大後，我渴望能夠交到眞心的朋友，渴望他們和我交往，不是因爲我的名氣，不是因爲我的身世，而是看到眞正的我，聽到眞正的我，並喜歡和一般女孩一樣愛漂亮、愛說笑、身體外型和一般人有點不同的我。

所以當他聽到我的名字，全無反應，我反而有濃濃的好奇，他是個怎麼樣的人呢？

而他也好奇，我是誰？

這樣的好奇心維繫著我們，我們持續熱線通話了三個月。

我們都剛結束一段痛苦折磨人的戀情，是不是因爲經過了那番痛苦體驗，上帝決定給我們一個得到幸福的補償呢？

第一次約會

第一次約會，他雖然很紳士，
但我對他留下的印象簡直是個「活煙囪」。
數一數，他在我面前竟然抽了五包菸，真是太誇張了！

和陳信義的第一次電話交談，談了五個小時，不過並不是我最長的紀錄，我們的電話熱線持續燃燒了三個月。

信義對我很好奇，很想知道我的一切，他果眞上網去查看有關我的報導。一鍵入關係字「楊恩典」，就跑出了上萬筆資料，而且第一筆就是有位職業媒人要幫我介紹對象的新聞報導，資料多到他眼睛幾乎脫窗。

第二天他上班時，和同事談起「楊恩典」，他很納悶爲什麼別人都知道，唯獨自己全然陌生？後來想想大概是平時自己只喜歡戶外活動，對於一般新聞沒有太留意。

三個月後，他第一次來六龜看我。

信義當時是一名修大巴士車的技工，雙手長時間接觸機械間的油污，使得他手掌、指甲縫、手指皮膚的紋路都滿布油污，加上過度使用清潔劑，皮膚過乾，有時冬天，寒流來臨時，皮膚皸裂甚至會流血。雖是如此，爲了讓我對他有好印象，他約會前刻意將雙手用刷子、菜瓜布好好洗刷了一番，但效果有限。

我第一次把他介紹給大哥時，因爲信義斯文的談吐，大哥以爲我在開玩笑，有點不相信他眞的是修車技工，還檢查他的手。果然他的手掌、手指都是厚厚的繭，以及久洗不去的油污。他靦覥的解釋自己曾細心的刷洗手，不過長年累積的黑色油污還是有殘留。

爲趕赴早上八點的約，他竟提早一個多小時到育幼院。他穿著一襲黃襯衫，開著一輛紅色老舊廂型車到六龜來，我心想：「怎麼會有年輕人開這種車來約會呀？」

此後他經常來育幼院，每次都會帶著大批吃的，包括我最愛吃的豬肉乾和涼麵，一帶就是十幾包，育幼院的小孩雨露均霑，他們一度還誤以爲他是賣涼麵的。

他看來成熟、穩重，但又非常風趣，大家都很喜歡他，有人因爲他常穿黃襯衫，就叫他「小黃」。也有人因他的車，爲他取綽號叫「小紅」。這些孩子後來都成了他的戀愛啦啦隊。那輛廂型車，到現在已成了經常載送我南北演講的專車。

他來訪的那天，我的電話特別多，不斷接到各路朋友打來的電話，總算讓他親自見識我這個「話家」的威力，但他很有耐心靜坐在旁，從早上等到中午。

我們第一次面對面暢談，不再只是電話中的一個遙遠陌生卻又熟悉的聲音，他說心裡覺得和電話裡的我搭不起來，因爲電話中，我滔滔不絕，口若懸河，笑聲爽朗，還帶著點男孩子氣；但當面見我，覺得我氣定神閒，優雅，嫻靜。他後來開玩笑說：「還好不是晚上看到你，否則我會拔腿就跑，因爲你一頭飄逸長髮，穿著長裙，又幾乎看不到腳，兩隻袖子空盪盪，加上皮膚白皙，晚上看到，會以爲看到了美麗的女鬼。」

我告訴他：我曾經晚上站在橋邊，路過的車輛有許多人報警，以爲看到不乾淨的「那個」，甚至還招來警察。警察拿著手電筒，又不敢太靠近，從遠處照著我，喊道：「喂！你是人？還是鬼？」

我告訴警察：「看不清楚，你可以靠近一點。」

由於夠直接又坦白的他，說出對我的第一印象是如此勁爆，第一次見面，果然令我印象深刻。

那天的天氣很炎熱，我天生很會流汗，汗順著額頭、脖子流到背脊，像是很多細小的手指在搔癢；我沒法擦，又濕黏又癢，在太陽下沒多久，就汗如雨下。他看我一直流汗，就跟我說：「如果你不介意，我可以幫你擦汗？」我自覺狼狽，無奈點頭答應。他爲我擦了頭上臉上的汗，還細心體貼地撥開我濃密的長髮，他看到了脖子上直通脊椎的那條長疤，表情看來很不捨，他沒有開口問，也沒說什麼，只是用手巾幫我把脖子上的汗擦了。

後來，他告訴我，他其實心很痛，因爲看到了那條疤，他就立刻想起網上的資料。寫我十三歲的時候在振興醫院動手術矯正脊椎，想到我年紀那麼小，就要受這麼大的痛楚，覺得很不忍心，很想做些什麼來幫助我。

他想多瞭解六龜育幼院，打算住一天，於是我帶他去育幼院附近的小木屋旅館辦理住宿。那是熟識的人經營的，以往一向都是育幼院的老師負責帶訪客辦理住宿，我第一次單獨帶訪客投宿，有種可以獨立處理事務的成就感。

這麼多年，我從來沒走進去看過小木屋的內部，那天當他進去看的時候，我也好奇地走進小木屋查看設施，他謹慎地說：「我在外面等你就好。」他快步走到門口，把門窗都打開，讓外面的人可以對屋內一目了然，人還站到門外去。

我一向對人缺乏戒心，總認爲來育幼院的都不是壞人，看到他爲了保護我、完全不讓別人有閒言閒語的動作，心裡對他的正直和尊重，頓有所感，暗暗欽佩他這種君子不欺暗室的做法。

他放下行李後，我們就一起出去用餐，我帶他去鎮上吃烤鴨，我照常請店家拿個凳子，把飯放在上面，要自己用腳吃飯。他卻提出要餵我吃飯的要求，我看著他誠懇的表情，就爽快地答應了。

我吃菜時，不愛吃蔥、薑、蒜、青椒、胡蘿蔔，偏偏餐廳總愛用這些配料增加色香味。我請他給我張衛生紙，用舌頭把這些五顏六色的菜渣挑出來，吐在衛生紙上。他看我這麼做，就很細心地主動幫我把這些東西剔除掉。這麼繁瑣的工作，他做來卻像是興味盎然。

餵了我幾口，他突然冒出一句：「好想這樣子一直餵下去。」剛結束一段戀情的我，很殺風景地說：「跟我這樣說的多得是，卻沒有人做得到，能不能換點新鮮的？」

他沒有愕然，也沒有退縮。但有點悻悻然，像是在下定決心。

後來我帶他到茶藝館，聊天吹冷氣，他拿起桌上的脆梅，跟我說：「如果你不介意，我可以餵你吃。」我一邊吃著脆梅，啜飲著冰涼的飲料，我們心情輕鬆地天南地北無所不聊。

而最讓我吃驚的是他茶呼嚕嚕的喝，香菸一根接一根的抽，一會兒菸蒂就擠滿了一缸。我們的話題，就在他吞雲吐霧中，不知換了多少次菸灰缸。我終於忍不住問他：「你抽這麼多菸，有沒有嘗試過戒菸啊？」他看了我一眼，仍然沒有停下來的意思，「我試過啊，但戒過之後抽得更多。」我忍不住勸他：「少抽對身體比較健康。」不過也對他一點掩飾的企圖都沒有，很驚奇。

第一天的約會，他雖然很紳士，但我對他留下的印象簡直是個「活煙囪」。他一面說話，一面抽菸，抽菸的速度和嚥口水的速度似乎在競賽。數一數，他在我面前竟然抽了五包菸，眞是太誇張了。

第二天，他一早就來到育幼院，我卻睡到十一點才起床，他早已在育幼院裡四處逛過。他喜歡大自然，他說平常放假的時間，都是在山林間過的，他一看到我就興匆匆地問：「你住在山上這麼多年，你喜不喜歡爬山？」

我從小怕蟲、怕蚊子，雖然曾經和媽媽、老師去附近爬過山，但是我可不喜歡汗流浹背的滋味，不過當時我沒說出口，還是帶他去看看山上風景不錯的地方。我向二哥告了假，讓他開著車帶我兜風，他看我下車沒走幾步，就滿身大汗，就要我在車上聽聽音樂、吹吹冷氣、坐車兜風就好了。

永遠聊不完

沒多久，他第二次來育幼院，這次他陪在我旁邊，看我作畫，他說：「看你用腳作畫，是我這輩子看過最神奇的事。」平時在旁幫忙的育幼院小朋友，看著他一直偷笑。

我送了他《擁抱，生命中的每一分鐘》這本書作爲見面禮。我告訴他我的畫是屬於嶺南派，而且擅長寫意花鳥。言談中，他無意間談到曾在情人節時，看過花店中販賣的紫色玫瑰很美，但缺點就是太昂貴了。

我一面和他聊天，很自然的就在書的扉頁，畫上了一朵紫玫瑰。典雅中帶點靈氣，韻味十足，令他欣賞不已。婚後談起這段往事，他告訴我這令他相當感動，他說：「當時我們認識並不算久，而你竟能在言談中，將畫留存在送我的書中，這份細膩的心思是我所不曾遇到、甚至想像的。」

後來他主動要求幫忙，叫我教他怎麼樣把畫好的畫，套進畫框裡。巧的是，他的同事居然也來到育幼院，看到他和我的互動，很好奇地問他怎麼會認識我，他笑笑說：「朋友而已。」同事卻起鬨地笑起他來。

他後來告訴我，每次和我約會完，他就會想像我的生活，還設身處地試著用腳來生活，想著如何提供我一些改善生活的意見。

他第一個改良的就是我的仙女棒（是一個有特別功能的長鐵掛勾，插在牆上，可以勾住褲子，輔助我自行如廁的工具，是一位從小看我長大的謝姊姊發明的）。他看了那個做工粗糙的仙女棒，聽我說常勾到衣服，有時還會刮傷我，於是爲我做了個不鏽鋼的材質，親手把它拋光磨圓，觸感變得很光滑。

他還暗自在家中演練、揣摩沒有手，如何生活。他看過我用腳摺襪子，他也試著做，還試著用腳穿衣，結果連衣服都扯破了，也沒穿上。

其實用腳穿衣的訣竅，不在於腳的靈活度，還要身體的柔軟度配合，才能鑽到衣服裡去。

一開始，我們只是無話不談的好朋友，我把我和剛分手男朋友之間的種種問題，都向他傾吐，訴說我們曾論及婚嫁，遭到他父母的嚴厲反對。信義聽到我失敗的感情故事，他說：「你們可以想辦法克服難關啊！」

我反駁：「你不要只會說大話，如果那麼容易，我就不會和男友分手了。」

他說：「事在人爲，不見得沒有辦法克服。」

他還分析了我男友父母的心態，無非是愛子心切，如果多溝通，他相信可以改善，我不樂觀地說：「生活中有很多難處，沒有你想的那麼容易。」他卻說：「不相信，我做給你看。」當時我對這句話並未在意，以爲他只是說說而已。

我用誇張的語氣，進一步談起我在感情上的挫折：「我不知交過多少男朋友，都說要照顧我一輩子，可是都過不了家人那一關，結果都不了了之。所以這種話，我聽多了。」

沒想到，他竟然拿出他更慘的遭遇和我相比，在這場只有兩人競賽傷口的比賽，眞的，我必須承認他是冠軍。

你不會比我慘吧？

信義笑著對我說：「你再怎麼慘，也不會比我慘吧？」

我那時雖然不知道是真是假，

但覺得這個男的和一般人真的不一樣。

我曾經談過幾次戀愛。戀愛，雖然爲我的生命和創作帶來繽紛的色彩，但結果都很慘烈。

有一陣子，我甚至想只要戀愛的過程，不要談婚姻，不要抉擇、傷感。因爲只要交往一段時間後，男方提到要回他家見父母，我就知道分手的時候到了。

不過，我看得很開，相信總有一天上帝會讓我遇到 Mr. Right。

大部分交往過的男友，在我面見他父母之後，對方父母都會試圖用比較不傷感情的方式告訴我：「寧可你當我們家的女兒，可不可以不要做我們家的媳婦！」

交往七年的前男友，他是我學畫時認識的，那時，大家都以爲我會嫁給他。我住在山裡，卻很喜歡去海邊撿貝殼。他曾帶我到墾丁海邊，那裡越過一片珊瑚礁，可以撿到很多漂亮的貝殼。我因爲長短腳，右腳後跟踩踏不到地面，爲了方便，我平日都穿著十公分以上的高跟鞋，這種高鞋一走到海灘，就卡住動彈不得，於是他會脫下鞋子背我，沒想到一起身跌了一跤，讓他的腳底都是傷。

在海灘旁的小坡上面有很多小花迎風招展，爲了摘給我，他爬上去採，坡上矮樹叢的荊棘讓他牛仔褲都沾滿了血，他的浪漫曾經讓我很感動。

但是交往的後期，我們遭遇到他家庭的激烈反對，他的母親甚至有很激烈的言行，在得不到他家人祝福的情況下，我和他痛苦地結束這段戀情。

但交往七年，兩人終究有感情，他夾在母親和我之間，非常爲難、苦惱。我們變得常吵架，分分合合多次，而他也有很長一陣子不來找我了。

和信義第一次見面，我不知怎地會這麼信賴他，竟把自己的情傷，剖心掏肺地向陌生的他傾訴。他還爲我和前男友出主意，他說：「如果我是你的男朋友，我一定會常帶你到家裡，和家裡溝通。」我說我不相信有幾個男人可以做到。

爲了安慰我，他告訴我他也剛結束一段戀情。他說他對感情很執著，認定的事，就不會輕言放棄。爲了幫女友買車、買手機及日常花費，一度成爲卡奴。女友卻曾兩次移情別戀，而女友選擇坦白的時機，一次選在他生日，另一次選在情人節。他很傷心，但因爲那是他第一個交往的女朋友，他什麼都願意牽就，可是女友最後還是背棄了他，選擇了別人，他說：「從此，我最討厭過情人節和生日了。」這大概是我聽過最悲慘的感情遭遇了。

他笑著對我說：「你再怎麼慘，也不會比我慘吧？」我那時雖然不知道是眞是假，但覺得這個男的和一般人眞的不一樣。

此後，每逢假期，他經常到六龜育幼院陪我。

我把他介紹給爸爸認識，爸爸和二哥都熱情的招呼他一起同桌吃飯，但他卻食不知味很尷尬，因爲同桌，除了第一次見面的爸爸和二哥之外，全都是來訪的外國人。

我在家都是自己吃飯，我如常盛了飯、夾了菜，自個兒坐到一旁的電視前用腳夾著湯匙吃飯，留下他自行面對這樣的場面。

只見信義把當兵的那一套坐姿搬出來，他腰桿打直，只坐三分之一板凳，以碗就口。有個外國人還幫他夾菜，他口中勉強擠出了一句生硬的「三Q」（thank you）。他說這一餐吃得他頭皮發麻，食不知味，吃的東西全卡在喉嚨，只記得從頭到尾都在傻笑。

信義開始參與我的生活，他像個有耐心的觀察者，也像是個有潛力的長跑者。對於我的過去，他雖然來不及參與，但對於我正在發生的事及未來，每一件他都用心參與，甚至體會比我更深，愈來愈多的力量，拉著我們走向彼此。

而讓他最感動的是，我的媽媽在我成長過程中所付出的辛勞，信義說：一個女人一輩子照顧了那麼多的小孩，這不是平常人可以做到的事。讓他最敬佩的是，我的爸爸不計困難與代價，爲我規畫求學和學畫之路。

劍拔弩張的談判

那天，沒想到單純的洗頭，
演變成後來他們劍拔弩張的談判。
兩個男人大眼瞪小眼，相對無語，我也不知所措……

我和前男友，因他父母反對而分手，偏偏，在我和信義交往幾個月後，前男友突然出現，希望復合，又再回頭找我。

那天，很久不聯絡的他，突然打手機來，我正在洗頭，寒暄幾句掛斷後，沒多久，滿身酒味，臉紅通通的他突然出現在美容院，讓我嚇了一跳：「你怎麼來了？」他說：「來看看你呀！」信義正在旁邊陪我，心中隱約猜出了他是誰，因爲之前我和他多次談到和前男友的情況。

沒想到單純的洗頭，演變成後來他們劍拔弩張的談判。

兩個男人大眼瞪小眼，相對無語，我也不知所措。美容院裡的空氣好像凝固了，老闆娘嗅出不尋常，左看右瞧兩位男主角，一面爲我洗頭，一面低聲跟我說：「完了，等下有得談了！」

鏡中的我一臉尷尬，不時偷瞄兩個男人的臉色，愈來愈陰沈。本來約定洗完頭，和信義逛逛夜市，此時心慌意亂，遊興一掃而空，幸而前男友先行離去。

逛夜市時，我和信義還沒由剛才的震驚中甦醒，兩人都有些心不在焉。有位好心的魚販，抓了幾尾魚要送我，我卻不識相的問：「這魚的刺多不多？」

魚販老實的說：「很多。」

我心不在焉：「那不用好了，因爲我不太會吃很多刺的魚。」

魚販不太高興：「我是要送你的耶！」

信義忙打圓場，暗示我可以送給媽媽或育幼院的孩子吃。我如夢初醒，趕忙謝謝對方，收下了魚。我一直沒有注意到身後有人跟隨，但細心的信義卻注意到了，怕有萬一，他一直催促我趕快回育幼院。

回到育幼院，把魚送給媽媽，我們一起在媽媽的房間，一同品嚐夜市帶回的小吃。突然門被打開了，前男友提了一大袋啤酒往桌上一放，問我們要不要喝，要我給他一句話，「你是要跟他，還是要跟我在一起？」他話講完就走到門外。

前男友貿然的舉動，讓我心情頓時盪到谷底，追出去和他說：「你為什麼要帶酒來？這樣會嚇到媽媽。而且大刺刺地在院裡喝酒也很不好。」

信義在屋裡一面安慰媽媽，「我會處理，不會有事。」一面差遣一位探頭看熱鬧的院童去把院裡的大人請來。不一會兒，大哥把他又高又壯的兒子帶著，一起直奔媽媽房間。大哥對前男友說：「恩典長大啦，她自己已經有判斷是非的能力，要跟誰在一起，由她自己做決定。」

媽媽表面鎮靜，內心卻很緊張，一面勸信義和前男友：「你們都是成年人了，有事好好談，不要衝動。」她怕他們會打起來，也怕我會受傷害。

媽媽住的門前有塊水泥空地，是媽媽平日曬農產品的地方和貨車停車場，門口擺了幾張椅子，平常大家都愛在這兒談天說地、納涼。

我和信義、前男友就在空地上這塊開放的空間談判。兩個人都要單獨和我談，當我和他們分別談的時候，另一個則回到媽媽的小客廳等候。

晚上九時許，天色早已一片漆黑，空地上只有鄰近宿舍陽台的餘光和媽媽門口的門燈照著。媽媽、大哥和姪子心情都忐忑地隔著一道紗門，遠遠地監看著我們。院童中有很多好奇地擠在陽台上看熱鬧，竟然還不時傳來：「叔叔加油！」「小黃加油！」可以感覺到兩方各有支持者，而支持信義的呼聲明顯得比較大。

我們就在眾目睽睽之下，在這露天舞台上，上演人生難以抉擇的戲碼。直到大哥揮手叫那些院童趕快回去睡覺，夜才安靜下來。

信義的態度很堅定，「你要選擇誰，不是我能決定的，你可以自己做判斷，不論你做任何決定，我都會尊重你的選擇。如果你選擇他，我會尊重，你選擇我，我會很高興。我相信好的不怕比較，事後我也會毫無怨言。現在我家人暫時還不能接受我們在一起，但我會一直努力，直到得到他們的祝福。」

前男友也很堅定，「沒有你，我會活不下去，我不保證我會做出什麼傻事來。」他還說：「我的家人沒法贊同我們在一起，現在要得到他們的祝福是不可能的。我想清楚了，我要爲我自己的感情負責。你跟我走，我們乾脆就直接去公證結婚，有了小孩，再回家請爸媽原諒，他們看在小孩的分上，也許就會接受你了。」

他們兩人都對我很好，但處理事情的態度截然不同，信義的個性成熟穩重，而前男友的個性比較感情用事。他以前爲了他的媽媽堅決反對我們在一起，常左右爲難，因而和我爭吵，兩人甚至因此幾度鬧到分手。聽了他這番話，我更不敢說任何話，很怕傷了他的心，他眞的會做出傻事傷害他自己。

但我堅定地告訴他：「我不能跟你走，也不想用這種方式勉強得到你家庭的認同。如果不能得到你家人的祝福，我們也不可能會幸福，尤其是我不能丟下愛我的父母和你走，如果這樣和你私奔，將來有什麼臉來見我的爸媽？他們這麼愛我，卻要忍受女兒和人私奔、別人在背後指指點點的議論，我不能、也不忍心這樣把問題留給家人。」

兩人都無意退讓，都說要等我一句話。其實當時我內心早已有了決定，但和前男友畢竟也有多年的感情，即使之前已和他說好分手，心知和他無法再繼續，但面對他突然意志如此堅決想復合，也不想傷害他。我內心掙扎，一時不知如何是好，只有哭得涕泗滂沱，淚如雨下。

感情能不能用時間衡量

半夜兩點多，我們已經談了好幾個小時，都沒有答案。原本一直坐在房中，隔著紗門監看我們戰況的家人，早已體力不支，東倒西歪開始打瞌睡。觀衆已睡去，兩位男主角卻無意下台。

信義看我滿臉倦容，哭得雙眼紅腫，卻一直不肯說出抉擇。我告訴信義「你們都對我很好，但我實在沒辦法以選擇來面對感情」。信義說他會尊重我的決定，如果我們的戀情不能再繼續，他也只能離開。我爲了讓他面對這種尷尬場面而滿懷虧欠，向他說：「對不起。」

信義卻臉色大變，突然站起身來，「我不想讓你爲難，我先走了。」他接著轉身對前男友說：「如果你要承擔這個責任，要負責到底，不要放棄，反正你們高興就好，答應我要好好照顧她。祝你們幸福！」

前男友驚訝地露出喜色，我卻是天旋地轉，大吃一驚，平日對我呵護備至、濃情蜜意的他，居然就這樣輕易地棄我而去。我掙扎著想留他下來，但礙著前男友又說不出口，眼睜睜地看著他站起來開車離去，腦袋刹時一片空白。

看車子絕塵而去，我才如夢初醒，頓時哭得死去活來，撲倒在地，心想再也看不到信義了，內心痛楚猶如刀割。我暗禱上帝，讓信義回到我身邊吧。面對失控的我，前男友也手足無措，在那眞情流露的一刻，他似乎也明白了我對信義的心。

前男友把我扶回房間休息，面對這久戰之後、突然得到的勝利苦果，他有點消化不良，憤憤不平地說：「我沒有想到你會這麼難過，難道我們七年的感情，不如你和他這麼短的感情嗎？」我告訴他：「感情不能用時間衡量，你不知道他眞的對我很好。」。

不一會兒，奇蹟出現了，我聽到有車子停在門前，我興奮地衝到門外查看，是信義去而復返，上帝一定聽到我心中的禱告了。

我強掩激動的問信義：「你不是走了嗎？」

信義說：「我開車時愈想愈不對，你又沒有表態說不要跟我，對方沒走，我何必要走？我走了，不是表示我認輸了嗎？」

他去而復返，讓我又驚又喜，也就不去追究他心裡是不是把我當獎品了。前男友面對這樣的戲劇性轉折，情緒也由激動轉爲平靜，反而舉起了啤酒，邀他：「坐下來，喝酒聊聊！」信義本來就酒量不錯，就大方地坐下來：「我是不會客氣的，來！」

漫漫長夜，他們倆邊喝啤酒邊聊，竟然有說有笑，我看氣氛轉緩，也放下心來，還開玩笑說：「你們其中哪一個如果將來找不到對象的話，我有很多妹妹，可以介紹給你們。」大家都笑了。

我因爲哭太久，眼睛痠痛，體力不支，先回房睡了，渾然不知門外原本劍拔弩張的兩個男人，一直談到天亮。前男友離去後，次晨只見信義還躺在椅子上休息，我漂泊的心終於找到了避風港，也終於認定了他是會陪我一輩子走下去的人。

聽育幼院裡的張伯伯說，天剛亮的時候，他就看到我的前男友滿手是血的離開，原來他自知難以挽回我們的感情，痛苦得捶牆，不但傷了自己的手，還把自己摩托車的後照鏡也打破了。

我問信義：「當時你爲什麼會突然離開？」信義說：「我修車時學到，要立刻排解問題，迅速解決，讓車子能夠再上路。當時看你一直哭，難以抉擇，就想要立刻解除你的痛苦，離開現場。但是開車走後，到了橋邊愈想愈不對，我這樣走了，不是虧大了，所以就厚著臉皮回來啦！」

原來，我被當做故障待修的車，不過不管如何，感謝上帝，他回來了。

熱戀淚痕

我們用行動讓他們相信：
既然我們相愛，
就一定會找到路的。

當我和信義熱戀時，常常熱線電話通到半夜。後來他才告訴我，有次他打完電話，半夜去喝水時，打開門，赫然發現陳媽媽坐在房門口的樓梯上掉眼淚。

有了前男友母親激烈反對的經驗，我堅持如果我們在一起，一定要得到他家人的祝福，就在那個讓他媽媽哭泣的樓梯口，我終於靠著努力，得到她的祝福。

我和信義第一次去見他父母時，他在我行前，先打預防針。他說父母親都是非常傳統而善良的人，他們目前不贊同我們在一起，是因爲不夠瞭解我們，我們需要花時間去溝通去化解。他對我耳提面命，「無論等會兒和我爸媽見面的情況怎樣，你都不要做任何反應，一切我會處理。」

他其實早就知道父母親不會同意我們在一起，但是他還是安排我去見他家人，主要是他要讓家人知道，我倆共同決定要走下去。我的家人知道並且同意之後，我也希望能得到信義家人的祝福。

以往交往的男朋友，總是通不過父母這一關，所以只要男友說要去見父母，我就知道該說再見了。不過，即便我對見面結果不樂觀，但看他這麼堅決，我還是硬著頭皮去了，畢竟這是我爭取婚姻的機會，何況我一生中，又有哪件事不是要靠努力爭取的呢？

陳家住在南部，是三層樓的透天厝，客廳地上和樓梯都鋪著光可鑑人的大理石。客廳裡桌明几淨，顯示當家的主婦，是勤快又愛乾淨的。一家人吃飯、會客、看電視都在這裡，陳家父母就在客廳非常客氣、禮貌地接待我。

信義的媽媽是位基督徒，從小在眷村長大，嫁給了做合板的陳爸爸，家中裡裡外外的事都一肩扛起。她是那種任勞任怨、克勤克儉的家庭主婦。信義小時候，陳媽媽每天清晨，天還濛濛亮，就起來準備先生和三個小孩的早餐及午餐便當，看一家大大小小上班上學。信義描繪的景象，讓我想起媽媽，以前每天也是半夜就起來，天還未亮就爲院裡上百人煮早餐，因此我看到她，總覺得分外親切。

陳媽媽說，第一次知道信義和我通電話時，她想起以前年輕時曾和朋友去過六龜育幼院，但對我並沒有很深刻的印象，只是依稀由報章雜誌和朋友口中得知我的一些故事。後來看到信義反常地連著好幾個假日都去六龜育幼院，心想：「該不會兩人開始交往了吧？」沒想到眞的猜對了。

陳媽媽親切健談，一面進進出出地在後面廚房張羅午餐，菜香四溢，她熱忱的留我吃飯，讓我一顆忐忑不安的心暫時安靜下來。

她一面苦口婆心，勸我們不要被戀愛沖昏頭，甚至告訴我：「許多男人婚前婚後兩個樣，萬一哪一天我兒子辜負了你，我實在不忍讓你傷心。」

她用洗腦的方式，一再告訴我，「信義從小到大，都沒有自己洗過衣服，根本不會做家事，以後如何照顧你？加上做事沒耐性、沒恆心，只怕日子久了辜負了你。」

我告訴她我會做很多事，會照顧自己，我會炒蛋、做飯、洗衣服、殺青蛙、養小狗，還會包餃子，只是從小到大，我用腳包的餃子，只有媽媽敢吃。

陳媽媽又憂心忡忡地告訴我，如果有了小孩問題會更多，我告訴她：除了請醫師評估懷孕的可能以外，照顧小孩應該不至於太難。甚至還輕鬆的說：「我以前養過狗狗，照顧得還不錯喔！」

我堅持「事在人爲」，不要連想都不敢想，做都不肯做。堅定地告訴她：「我們都考量過現實問題，也有決心面對未來的重重困難。」

陳爸爸的態度相對就比較沈默，當信義說到我們結婚的打算時，他的爸爸冷冷地吐出五個字：「談都不要談！」

我尷尬萬分，不知如何回應，這下知道信義爲何事先警告我，不論他的父母怎麼說，我都不要回應。他挺身而出：「無論如何，這輩子我只會和恩典結婚，而且我會在你們同意後才結婚。」他讓父母知道我們要在一起的決心，一方面也讓我看到他的堅持。

那餐飯，信義爲我夾了很多菜放在盤子裡，我照常用腳舉匙吃飯，吃得滿頭大汗。但其實面對一桌子好菜，我有點食不下嚥，因爲原本是要來和陳家父母共餐的，陳爸爸卻再也不露面，連飯都不肯跟我同桌一起吃，正眼也不肯瞧我一眼，他一個人端著碗走到客廳後面的廚房去吃。

後來，陳媽媽悄悄透露，其實陳爸爸心很軟、很善良，他比較不善於用言語表達。他不忍心看我這樣吃飯，竟然在後面邊吃飯時邊掉眼淚，還悄聲跟陳媽媽說：「怎麼有人吃頓飯都這麼辛苦？看她吃得滿頭大汗，我不知怎麼面對。」

陳爸爸其實不知道，我早已對用腳吃飯習以爲常，一點不覺得辛苦，倒是不好意思說出：「好熱，冷氣不夠強啦！」

第一次到信義家那晚，據說兩位老人家直到半夜兩點鐘，都無法入睡。兩人輾轉反側，在床上唉聲嘆氣，都不知道該如何是好。陳媽媽還擔心若是他們不答應，我們萬一有一個走上絕路怎麼辦。後來陳爸爸、陳媽媽決定順其自然，「靜觀其變」。

夾盤子事件

為了贏取家人的祝福，信義可說大費周章，他持續帶我到家中和父母懇談。一次又一次的談話，剛開始誰也不能改變誰，最後信義決定共同生活面對難題，兩人同心來改變父母的想法，以實際行動證明我們是可以經得起現實考驗的。

他徵得父母同意，帶我回家住幾天，是希望讓他父母由瞭解中接受我。他的父母之所以同意，一方面是看到他的決心，另一方面，也是想讓我知難而退吧！

陳媽媽一生多災難，曾經出過車禍，為貼補家用，在家附近的染廠工作卻又發生意外，手指被滾輪輾斷，手指縫合時沒有處理好，到現在還經常因發炎灌膿而疼痛。但她還是很喜樂，照樣做家事，照顧一家人，把家庭打理得非常好。

她一再說：「我不是嫌你沒有手，而是擔心兒子以後辜負了你、傷害了你，我會於心不忍。人若無私心是騙人的，我自己身體不好，我認為男孩子主外，女孩子主內，是天經地義的事。」

陳家父母是什麼事都為兒子著想的父母，他們夫妻倆擠在二樓小房間，信義的大哥已娶妻另住附近，小弟則在修碩士，兩老把大的房間讓給兒子。

每當信義去上班的時候，我就待在他三樓的房間作畫等他下班。初時，我和大家一起在一樓客廳吃飯，但因爲陳爸爸不肯和我同桌，每次都跑到廚房吃飯，陳媽媽後來就很委婉、客氣的向我表示，她家的地和樓梯都是光滑的大理石，她曾在樓梯上摔過跤受過傷，因此她擔心我跌倒，警告我上下樓要很小心。她說每天中午，信義上班時，她會把飯菜送到三樓給我吃，等我吃完飯，喊她一聲，她就會上來收盤子。

我接受了在三樓吃飯的要求，但對於要陳媽媽上樓來收盤子，很過意不去，我想到陳家來，就是爲了證明自己有獨立的能力，怎麼可以成爲別人的累贅？而且既然有心成爲人家的媳婦，又怎麼好意思麻煩婆婆呢？

陳媽媽送飯到三樓，總是用大盤子裝滿了我愛吃的菜和飯，用這種方式來表達她豐沛的愛心。我在三樓吃完飯後，決定自己把盤子洗好，送下樓來。不過這段過程，遠比我想像來得驚險。

我常用下巴和肩膀夾著手機或物品，認爲把盤子送下樓，只要壓低下巴、抬高肩膀，夾著盤子走下樓梯，應該是輕而易舉。於是我就用這個方法夾著油膩的盤子，走到浴室把盤子沖洗乾淨，以腳俐落地用毛巾擦淨盤面，再以下巴夾著盤子，想走下樓去，只是才到樓梯口便知不妙。

透天厝的樓梯非常狹窄、陡峭，燈光很昏暗，加上樓梯間堆了些日用品，連落腳的空間都很小，如果要滾下樓去，可能不要十秒鐘就能很快抵達終點。站在那個曾讓信義媽媽哭泣的樓梯口，我只消開口喊一聲，陳媽媽就會上來，把盤子接過去拿下樓，但是我不能這麼做，我要證明我可以自己照顧自己。

踩著不怎麼合腳的拖鞋，我一面走下樓梯，一面不由得膽戰心驚起來。夾在左肩上的盤子比我的臉還要大兩倍，愈來愈沈重，而且完全遮住了我的視線。我看不到腳下的路，只能用眼睛的餘光，測著兩旁牆壁的距離，背貼著牆面讓身體平衡，憑感覺在這近乎昏黑的樓梯上，每踩一步，都聽得到牆壁間迴盪的足音。每一步，我都小心翼翼，步步爲營。

我知道如果一個不小心，在這冰涼又堅硬的樓梯上滑一跤，後果會很嚴重，不是盤子摔下砸傷腳，就是一腳踩空，一路滾下樓。無論是不是會受傷，陳家父母勢必會更認爲我根本沒有做家事的能力，我就前功盡棄，功虧一簣。

爲了證明自己的能力，我鼓足勇氣，夾緊盤子一步一步地走下來。快抵達樓梯口了，我好像跑百米的選手，終於要衝過終點線，但我仍不敢輕易放鬆夾著的盤子。終點線旁沒有鼓掌的觀眾，只有聞聲探頭來查看的陳媽媽。她在樓梯口看到我這樣夾著盤子走下來，當下嚇了一跳，瞬間她的眼眶紅了：「你怎麼不叫我，讓我來收就好啦！」陳爸爸同時也目擊這一幕，陳媽媽一面接過盤子，一面語帶哽咽地說：「看來你的決心眞的下得很大。」轉身告訴陳爸爸說：「他們這麼努力爭取他們要的幸福，我們爲什麼要阻止呢？應該要給他們的是祝福。」從此他們對我的態度幡然改變了，不再把我當客人，便開始把我當自家人、當正常女人來看。

她無奈地說：「我看你們這麼相愛，只好爲你們禱告，把你們交給主。」她也勸陳爸爸：「成全他們吧！」

我們用行動讓他們相信：既然我們相愛，就一定可以找到幸福的。

意外的婚禮

當牧師為我們證婚時，
連我都不敢相信，陳家父母已經完全接受了我這特別的媳婦，
而且給予我們最盼望的祝福。

我和信義的婚禮，過程曲折，對我們而言，像是意外的驚喜。

我們雖早已決定共度此生，只是結婚日子一直沒挑好，但我的婚禮並不是我們自己籌備的，而是突然被通知的。

二〇〇二年九月十四日，我和信義到台北參加完畫展，第二天下午坐上台北回高雄的飛機前，就接到二哥的電話，二哥說：「你們晚上只要人到，信義的爸爸媽媽能來就好。今晚其他的事，我來處理。」我「啊」了一聲，並回答「我沒有把握他們會不會來耶」，回到高雄，剛下飛機，又接到二哥的電話了。

二哥口中究竟說的是結婚還是訂婚，我一時沒意會過來，二哥卻肯定的說：「就是結婚啦！」我說：「我婚紗都沒訂，這樣好嗎？」但二哥說：「沒問題，自然就好，你們買個信物就好。其他事我都準備好了，連福證的牧師也請好了。」

信義臨時通知他父母來和我父母吃飯，他的父母以爲只是雙方家長見面商談婚事，婆婆隨手抓了件唱聖歌的衣服穿上，臨時去買了一條金項鍊送我當見面禮。到了高雄的國賓飯店包廂裡，才發現二哥向餐廳臨時借了個「喜」字掛起來，他們看得很納悶，但也沒有反對。

我們去百貨公司買了戒指，風塵僕僕進了飯店，二哥趕緊將頸上的領帶借給信義，爲我們福證的李乾虎牧師，也是前一天晚上接到二哥電話邀請，當天坐飛機到高雄。就這樣簡單而隆重的，我們在兩家人的祝福和牧師的福證下結了婚。當姊姊幫我拿著戒指爲信義戴上，信義爲我腳上戴上戒指時，大家都爲我倆高興。九十多歲的爸爸居然感動到哭出來，他把最疼愛的女兒交給了信義；每個人眼裡都閃爍祝福的淚光，我們就這樣完成了「意外的婚禮」。後來信義的父母愈想愈不對，決定還是要補請婚宴，要讓家中的長輩及親友認識我這位媳婦。

實在不敢相信，就這樣我們結婚了。婚禮好像很簡單，但其實那是努力了兩年，才終於破除萬難，得到了大家的祝福。

我們決定共此一生時，從買新房到裝潢、挑家具，都邀請公公、婆婆共同參與，讓他們瞭解我們的決心，陳信義說：「人是活的，沒有解決不了的問題。」就是這股決心，讓陳家父母已經完全接受了我這特別的媳婦，而且給予我們最盼望的祝福。

其實在婚前，我一度很猶豫，在磨合期，我們也時有爭執，我怕受到傷害，對婚姻更沒把握。面對信義求婚時，我說：「等我們中樂透再說。」

信義說：「你不買、我也不買，我們哪一天才會中？」

記得在一次爭吵中，我哭鬧著要回家，但每次走到門口，就被信義抱回來，一走到門口，又被他抱回來，一再重複，最後累了，我終於放棄，他對我說：「不管將來，你有沒有嫁給我，我都還是會照顧你的。」我問他：「爲什麼？」他說：「我答應了楊媽媽，要照顧你一輩子。」我問他：「你什麼時候答應的，爲何我不知？」他說有一次他和媽媽談著談著，媽媽擔心我的未來就哭了，於是他在媽媽面前，立下了一生的保證。他說媽媽心裡認爲我永遠都是小孩，有些事不會對我說，但最放心不下的是我這個女兒。當時我很感動，終於下定決心說：「好，我們結婚吧！」

信義後來上公視「生活大作戰」節目時，就說：「我只有一個念頭，愛要愛到底。婚姻就像坐火車，就算不能從高雄直接到台北，我們也可以從高雄坐到台中，再到台北。」

爸爸在婚禮上流著淚致詞，談起我小時候很難帶，常常生病發燒。有一次到醫院看病，中午時間沒人理睬，媽媽下跪都請不到醫生來，後來無計可施，只好搬出蔣經國總統名號。

往事歷歷，雖然我是他們收養的孤女，卻是他們的心頭肉，媽媽想讓陳家人知道我的珍貴。

陳媽媽感受到同爲母親的不捨，拭著淚，教導我們學習在婚姻裡要彼此相愛、互相包容、忍讓。陳爸爸也感動得從內心祝福我們。

事後，常有人問我嚮不嚮往風風光光的婚禮？我回答：「我們雖然沒有風光、氣派的婚禮，但婚後幸福最重要。」我深深覺得，上帝已經給予我最合適的伴侶，我們的婚姻好比鑽石般永恆、美麗。

度蜜月我們去墾丁玩，美夢成眞，我太開心了，每一種酒都亂喝個幾口，結果喝醉吐了一地；信義爲收拾善後，將吐髒的棉被和地板大大整理，一夜沒睡的他，毫無怨言。

婚姻就是生活，柴、米、油、鹽，但平凡中見眞心。

而我發現，我們結婚後，對於公公婆婆這對老夫老妻，也有了些刺激和改變。以前公公是傳統的大男人，很好面子，一切家事都是由老婆張羅，但看到信義這樣體貼我，他現在居然也開始會幫忙做家事，只是他會悄悄地對婆婆說，「在媳婦面前，不要叫我去洗碗。」

我的公公婆婆由反對到接受，都是基於對兒子的愛，婆婆說：「既然疼兒子，就要疼媳婦，不要讓兒子有後顧之憂。不管如何，我們要用愛包容一切。」

奇異恩典在我家

楊媽媽教小恩典彈鋼琴。

媽媽是地上的光

媽媽從來沒有看過沒有手的人，
更別說沒有手臂的嬰孩，
她絲毫沒有猶豫就回答：
「既然沒有人收養，我們收養好了！」

由一個無臂棄嬰，到擁有自己的家。我的生命打從開始就是個傳奇和一連串的奇蹟。

上帝賜給我一副大嗓門，當出生沒多久的我，獨自躺在岡山文賢市場的肉攤上，在傍晚已收攤的菜市場，行人稀少，我哇哇的大哭聲，驚動了趕著回家的里長黃三奇的女兒。

她打開包裹我的薄被，發現眉清目秀的女嬰，臍帶都還沒乾，更讓她吃驚的是，我竟然沒有手臂，蹬來蹬去的雙腳也一長一短，右腳踝到腳掌幾乎呈一直線，就像天生穿了芭蕾舞鞋似的。

她把我帶回家，用包裹我的小棉被裡的一千元買了奶粉，在她家過了一個晚上。第二天里長伯把我送到壽天派出所，在派出所我的大嗓門再度發揮功效，那些警察叔叔被我吵得發昏，案子都別想辦了。他們這些「人民保母」，要當真的「保母」時，一個頭都變成兩個大，再加上我的高分貝伺候，三天下來，他們都一個頭變成三個大，不得不投降了，趕緊想辦法把我送出派出所。

由於問了幾家孤兒院都拒收，沒有人願意收養這瘦弱、特別的女嬰。最後，派出所的主管想到他曾在六龜派出所服務過，知道楊牧師夫婦辦的山地育幼院很有愛心，因此遠從岡山坐車到六龜育幼院找上了楊媽媽。

根據比我大十九歲的二哥後來描述，當天是婦女節，下午一兩點時，育幼院正在和一些婦女團體辦活動，警員下車走過一百四十尺長的吊橋來見媽媽，他向媽媽說：「有人撿到一個沒有手臂的女娃娃，孩子在派出所，警員天天輪流抱這個小娃娃，大家已經照顧了幾天，累得人仰馬翻，有很多人去看這個可愛的女娃，但是沒有人願意收養，甚至問了一些孤兒院，也不肯收，你肯不肯收養？」

媽媽從來沒有看過沒有手的人，更別說沒有手臂的嬰孩，她絲毫沒有猶豫就回答：「既然沒有人收養，我們收養好了。」她隨著警員的座車到岡山把我抱回來。

媽媽在警察局看到我第一眼時，她驚訝地說：「我從沒看過或聽過這種天生沒有手的情況，但是儘管沒有手，她還是有生命啊！我們禱告求神來幫助她。」當爸爸看到我第一眼時，憐憫地說：「這是上帝的恩典。」爲我取名「楊恩典」。

當時奄奄一息的我，被送到醫院檢查時，醫師第一眼看到我，卻提出要求，如果我不幸夭折，「可不可以給醫院當標本？」所以我原本可能變成福馬林泡製的小嬰兒標本。

我到育幼院時，天都已經傍晚了。媽媽抱著我走過搖搖晃晃的吊橋，我像是搖晃在母親肚子裡的羊水般舒服，這可能是我對育幼院的第一印象吧！日後，吊橋成了我最喜歡留連的地方。

媽媽爲我日夜祈禱，我活了下來。她將我視如己出，小時候常背著我工作。

她厚實溫暖的背永遠是濕熱的貼著我，我好喜歡那種感覺。我的汗水混合著媽媽的汗水，像是一層膠水緊緊黏貼著我們。我用臉貼著她的背，感覺到她的呼吸和心跳聲，那種感覺就像是在母親肚子裡的孩子傾聽母親的心跳聲一樣，給我很大的安全感。

媽媽真偉大

媽媽從小就給我充足的愛，她是上百個孩子的媽媽，但她讓我覺得我是獨一無二的，她從不讓我覺得我的缺陷是種不幸，而讓我覺得我是受上帝眷顧，受她寵愛的。

媽媽每天都是清晨四、五點起來，開始砍柴、燒飯、揉麵、蒸饅頭、炒菜，照顧院內一百多個大小孩子的食衣住行。

小時候，我和媽媽睡一張大床，媽媽總是一半身體睡在床上，雙腳留在地上，她隨時要起身去照顧半夜哭鬧的嬰孩們，她好像從來沒有睡過一夜好覺。而我起床後，她就會把還不會走路的我，背在背上。我記得她總有洗不完的尿片、燒不完的飯和做不完的事情，所以小小年紀的我就知道媽媽非常辛苦，長大之後我一定要孝順。

爸爸要當牧師又兼差到學校當老師教書，在教堂和教室間奔波，用兩份薪水養活育幼院裡上百名小孩子，物質條件當然不好，但他們總是設法滿足我的要求，和各種稀奇古怪的問題。只有一次我提出的問題，媽媽沒法回答。

我問媽媽：「別的小孩都有手，爲什麼我沒有手？」並期待的問媽媽：「什麼時候我的手才會長出來？是不是長大以後，手就會長出來了？」媽媽的神色黯淡，沒有直接回答我，她把我帶到教堂去禱告，求上帝能帶領我一生的道路。我低頭跪在媽媽身邊禱告，看著媽媽虔敬的模樣，隱約間，我明白我要求的這個禮物，是媽媽所沒有能力給的，所以她會難過。

媽媽是泰雅族的原住民，有著勤苦耐勞、樂天知命的天性。她從小受日本教育，她和爸爸在民國三十九年結婚時，還不認識中文，不會講國語。爸爸是在台中師範教書的老師，卻因爲突獲神靈感召，而放棄教職，去神學院唸書。

爸爸媽媽結婚時，是雞同鴨講，一個滿口山東國語，一個滿口日語，爸爸靠著會一句日語：「這是什麼？」一點一滴的兩人互相學習溝通。

兩人生活習慣與背景完全不同，但是從來沒看過他們吵過嘴。爸爸是理論家，媽媽是實踐家，兩人配合得天衣無縫。兩人最大的共通點，就是都非常有愛心。他們在結婚兩年後，好心的收養了第一個啞吧孤女林路德，就立下宏願未來要辦育幼院。

他們剛結婚不久，有一次爸爸買了一大袋皮蛋，就出門辦事去了，回來時爸爸到處找不到皮蛋，問媽媽：「那一大袋皮蛋到哪兒去了？」媽媽就說爸爸：「阿達馬孔固力，買了一袋全是壞掉、黑掉的蛋。我敲開一個丟一個，檢查了全部的蛋，沒有一個是好的，我把那些蛋全部都丟到垃圾筒去了。」這是他和媽媽百說不厭的笑話，而且兩人每次說到這段，都會笑得眼淚流出來。

媽媽的國語是向爸爸學的，有股山東加泰雅腔，沙啞而柔和的聲音，對我來說就像唱歌一樣好聽。她的中文是看《聖經》學的，所以她的國語永遠是充滿了感恩，她的語彙裡沒有罵人、埋怨的句子。

一九五五年時，爸爸和媽媽一起在山地傳教時，看見有不少孤苦無依的孩童乏人照料，就在六龜教會旁搭建了簡陋的房舍，收容貧困孤苦的山地孤兒。這不僅是因爲他娶了一位原住民太太，更因爲他認爲在物力維艱的五〇年代裡，原住民是社會所忽略的一群人。

他們曾在風狂雨驟的颱風夜，爲了一名高燒四十度的小孩，下山求醫。兩人手牽手背著孩子涉水過溪，上岸走了五十分鐘，敲診所的門求救，醫生給小孩打針後，他們再涉水返家。

一九六四年，爸爸用很低的價錢標到了旗山糖廠在大苦苓的地，決定和媽媽帶著四個孩子、收養的二十幾個孤兒，一起遷到大苦苓創辦「高雄縣私立基督教山地育幼院」。

當他們一起來到這塊被荖濃溪、紅水溪環繞的偏僻山地，滿山都是大石頭，一片荒涼貧瘠，沒水沒電。

他們帶著孩子們搬石、開山、挖地，蓋建茅草棚，草棚沒有窗戶也沒有牆壁。他們用長達四公里的水管將泉水引下，做爲院內飲水；食物就地取材，沒有足夠的米，於是常炸地瓜、炒菠蘿蜜充飢，種的地瓜葉就拿來餵豬。

初時，育幼院對外交通，一年四季都得涉過荖濃溪，碰到雨季時溪水氾濫，整個育幼院就完全被孤立。夏天雨季時媽媽爲了買菜，常常翻山出去，一去就是一天！

大苦苓的居民後來在溪上架設流籠渡溪，一不小心，就有人掉到溪裡去了，雖然險象環生，好在大家都會游泳，沒有發生過悲劇。後來六龜鄉公所協助建了一座吊橋，才算稍微解決了大家對外「行」的問題。

爸爸從不主動募款，用信仰與愛，投注六龜育幼院四十多年歲月，靠著「老天爺眷顧」與經國先生的幫忙，就這麼天生、天養、天照看的一路走來，譜成他一生愛的傳奇。

小時候，育幼院人手不足，媽媽一個人要照顧很多嬰兒，有人形容媽媽就像母雞孵小雞一樣，都會把小嬰兒帶在身邊細心照顧，照顧到會走路，才交給別人帶。只有我，她一直帶在身邊，寸步不離。

沒有錢，但是我們從來沒有挨過餓。大家的三餐都靠媽媽變魔術，她種地瓜葉、木薯，去菜市場撿別人棄置在地上的菜葉，或到山上摘野菜，然後用爸爸教書、當牧師配給的米、麵粉、油，加上她去河邊、溪裡捕的魚蝦，就是豐盛的一餐。

但每個嬰兒來自各地，依原來的習慣都吃不同牌子的奶粉，這筆大開銷常讓媽媽傷透腦筋。爸爸的兩份薪水，還要應付衆多大小孩的學費開銷，如何平衡收支常是她煎熬的課題。不過媽媽常在煩惱一陣後，就開始唱歌工作，她總是不停的工作。她認爲人在做天在看，上帝會看到她的努力，總會幫她解決問題的。

有時遇到難關，她就虔誠禱告，而上帝眞的都會垂聽她的禱告。有一次，育幼院快斷糧了，大夥正在禱告時，就聽到外面響起了車聲，原來有位好心的太太載了一卡車的米送來，她還告訴媽媽她是由遠地來的，因爲迷路才遲到的。

這種例子由爸媽說來屢見不鮮，在艱苦的環境中，他們從不懷疑、從不放棄自己的信念。

當年六龜鎮上各家商店都被育幼院賒欠過，其中有一位肉商蕭先生，育幼院賒欠了他四年豬肉，他也從不討債，可是爸爸說：「欠債還錢，否則將來進不了天國。」

育幼院沒錢還帳，爸爸算算大約要七十頭大肥豬，才能還清積欠四年的豬肉債。他乾脆就在育幼院後山建了克難豬舍，買了七十頭小豬來，闢地種地瓜、樹薯來餵豬，八個月養出七十頭大肥豬，總算還清了欠帳。

後來育幼院又陸續養牛、羊、鹿，希望能夠自給自足，不過近年因爲水源保護的關係，已禁止在水源地從事畜牧。

媽媽好學不倦，是活到老學到老，活生生的例證。

我小時候有本學生國語字典，媽媽常拿去看，有時她整晚不睡的戴著老花眼鏡看。她以前認字有限，我上小學時她都陪我一起看書認字。她教我用腳寫字畫圖，自己也一起學，現在她常戴著老花眼鏡看報紙。

多年前她看我學畫，自己也開始學畫國畫的仕女圖，結果開了畫展義賣，爲育幼院的藝品陳列館籌建募款。媽媽以身作則，一生都在學習，而且樂在其中。

我沒有手，沒法自己擤鼻涕，每次感冒時，鼻涕堵塞，讓我呼吸困難，媽媽就會用溫熱的嘴巴對準我的鼻孔，把鼻涕吸出來，讓我頓時可以呼吸到新鮮空氣。那黃稠青綠的鼻涕，她一點沒有嫌惡的感覺，每次被媽媽吸過的鼻子，舒服暢通，比什麼藥都靈。

媽媽不只對我這樣，院裡的弟弟妹妹感冒了，她也常是這麼做的，我總覺得我們的媽媽是世界上最偉大、最溫柔的醫生。

上小學後，母親節時，老師都會教我們唱「母親眞偉大」。我在媽媽面前，總是一遍又一遍大聲的唱，唱到媽媽都受不了，我還是要拚命唱給她聽。

雖然後來到小學二、三年級，我知道自己不是媽媽親生的，但我對媽媽的愛從來沒有變過，我知道世界上沒有人能給我比爸爸媽媽更多的愛。爸爸媽媽給我的關心愛護，甚至超過常人所擁有。

而媽媽很早就讓我知道上帝是我的依靠，我常覺得祂在傾聽我的禱告，而爸爸媽媽正是上帝送給我最好的禮物。

奇異恩典

我有次問媽媽：「你是一百個人的媽媽，為什麼你會生這麼多孩子？」

媽媽說：「因為上帝要我照顧他們，他們沒有爸爸媽媽。」

我急切想知道：「那我呢？」

媽媽輕描淡寫的說：「你也一樣，上帝也要我照顧你。」

我沒有手，父親卻爲我取名「恩典」，常有人質疑爸爸的智慧，爸爸就跟我說：「上帝給你的恩典夠用啦，你沒有手，上小學的時候，人家要抬課桌椅、打掃、擦窗戶玻璃，你不用，這不是神的恩典嗎？」說得有理，我雖然是個棄嬰，但是從小上帝給我的恩典就很多，就像爸爸說的「上帝的恩典夠用」。

小時候在教堂外玩的時候，常聽到教堂裡傳來的唱詩班歌聲，歌詞裡不斷出現恩典、恩慈，我的妹妹就叫恩慈。根據六龜育幼院的傳統，凡是棄嬰，男的取名就是蒙主恩寵的「蒙」字輩，而女的就是「恩」字輩。那時我就和妹妹說：「爲什麼他們唱歌，要一直叫我們的名字？」

我在幼稚園時，每天都會在窗口看著大哥大姊們去上課，很羨慕，也吵著要去上學。第一次去的時候，校長一看我如此瘦弱，就要媽媽帶我回家，等我大一點再來。可是我一直吵著要去，媽媽拗不過我，有一天她把筆放在地上，看我如何去撿，我立刻用腳夾起筆來，媽媽說：「會拿筆了，那就可以去上學了。」於是六歲時我進了小學。

校長和老師都對我很好，校長蘇川恭在我第一天上學時，就向同學宣布：「這是六龜育幼院的楊恩典，你們大家要好好照顧她，多幫忙她。」當時我很害羞，只知低頭不語。學校並且特別爲我設計了一張便於用左腳寫字的五台寸高的桌子，讓我用腳寫字和翻書。

一年級的老師是個美若天仙的長髮老師宋瑞美，她抱著我由滑梯上滑下來，還把她的絲襪都滑破了。每到打掃時間，老師原本不要我打掃，是我一再向她央求，「老師讓我掃嘛！」她就說：「那你只要掃你桌椅底下就好了。」我就用肩膀夾著掃把，很快樂地掃著桌椅底下。

校長看我只有十三公斤，比同年齡的孩子都瘦小，他特別爲我買了奶粉，還規定兩位女同學，每天早上都要爲我泡牛奶。但我從小就不愛喝牛奶，而且肚子還容易咕嚕咕嚕，因此看到牛奶就躲。每天早上就看到我繞著課桌椅跑，而她們拿著杯子追，這樣的戲碼，天天都在學校上演。直到四年級，我跑累了，終於乖乖就範，接受校長與同學的美意。

此外，同學們有任何活動都會盡量讓我參加，即使接力賽，他們也不怕我拖垮成績。我會用脖子和肩膀夾著接力棒拚命的跑，他們也在我旁邊助跑，爲我加油，跑完爲我擦汗。有時怕我落後太多，成績太難看時，同學還會幫我解圍說：「這個對手很難對付，交給我就好。」然後拿著棒子快跑一陣，再交給我跑，大家不在乎成績的好壞，用意只是能讓我也參加。

在學校，沒有人會欺負我，唯一讓我討厭的是，那些臭男生會掀女生的裙子，我們總追著他們罵臭男生、變態，再不然就告老師罰他們站。

同學的感情都很好，鄉下學校也沒有分班這回事，同班同學就是一起長大的玩伴，他們總是照顧我，把我當小妹妹一樣疼愛。

小學期間，我每年都被選爲全校模範生。我上台領獎時，都用肩膀夾著獎狀，心裡知道其實並不是因爲我很乖，而是因爲我讓全校師生發揮了愛心吧！

因爲我長期用左腳寫字，脊椎側彎的情況嚴重，國小五年級時，我被安排住進台北振興復建中心矯正並換裝義肢，但是我突然罹患急性肝炎，復健中心遂通知育幼院把我領回療養。

當時我的老師是位男老師朱富康先生，家裡開中藥舖，常拿中藥磨成的粉末給我吃。因我怕苦，他加了不少甘草粉，媽媽也拿了不少偏方、草藥，天天煮蘆薈湯給我喝，最後我是哪一樣吃好的也不知道。總之，他們的好意令我感動！

知道了媽媽不是我親生的媽媽，是在小學二、三年級，因爲育幼院裡有很多小孩的母親欄都是塡著媽媽的名字。每逢母姊會，媽媽都要趕場，而同學們開始議論紛紛，我有次問媽媽：「同學們說你不是我媽媽。」媽媽沈默不語。

我又接著說：「你是一百個人的媽媽，爲什麼你會生這麼多孩子？」

媽媽說：「因爲上帝要我照顧他們，他們沒有爸爸媽媽。」我急切想知道：

「那我呢？」媽媽輕描淡寫的說：「你也一樣，上帝也要我照顧你。」答案其實已經很明顯了，但我卻不願接受現實。

我依舊固執的認定我的爸爸媽媽就是他們，雖然我看到自己之後陸續來到育幼院的弟弟妹妹們，多少心中也有數了。從小我就理解我和爸媽的感情，不會因爲沒有血緣而改變，那就夠了。

我也從來不問他們有關我親生父母的事，避免他們傷心，考慮到他們的感受，反而是他們會懷疑、注意來探望我的訪客。二哥就常觀察有沒有訪客看著我流淚，或是反應激烈的。但是後來發現流淚的人太多了，反而找不出什麼特殊的。

現在我有了自己的家，養兒方知父母心，我更瞭解當年爸爸媽媽對我教養的苦心，即使親生父母也難以超越，有沒有血緣，根本就不是問題。

我現在只要有空就會去育幼院看媽媽和爸爸。病弱的媽媽，腰彎了、背駝了，老關心我錢夠不夠用，即使我一再告訴她：「我們過得很好。」爸爸媽媽每每在我們告辭要回家時，都會塞錢給我，不然就是弄了很多吃的，要我帶走。

今年九十八歲的爸爸耳聰目明，每次看到我，仍然給我很多智慧啓發。即使如此高齡，前兩年，他還常跟著山地育幼院的合唱團出國去傳福音。他依然活力十足，有時，還會心血來潮，半夜突然造訪我家，嚇我一跳，原來他是來送東西給我。爸爸一輩子付出不求回報，我常想我何其有幸有這樣的父母！

爸爸的白色謊言

十九歲那年，
第一次參加口足畫會聯展，
我的兩幅畫竟然都賣出了?!

媽媽對我的愛是行動、是無盡的付出；而爸爸和我像是朋友，他很可愛，常用理性的溝通，也會用小故事來解釋人生的大道理。

爸爸幽默與智慧兼備，笑口常開，是個非常容易滿足、小事就能快樂，常保赤子之心的老寶貝。

十九歲那年，第一次參加口足畫會聯展，我的畫竟然高價賣出了。多年後，大哥才告訴我，當時父親輾轉付錢託人買了其中八千元的一幅玫瑰園，我知道後特別問他：「爲什麼要用錢買我的畫呢？」爸爸說：「如果能因此鼓勵你，花再多錢都値得。」他用愛心建立我的信心，我當時聽了心被恩感，淚流滿面，感謝上帝給我全天下最愛我的好爸爸。

很多人都說如果可以摘下月亮，爸爸一定會爲我摘。他不只對我如此，他對每個人都是這樣，別人只要對他提出要求，只要他能做的，他都是有求必應，六龜人人都叫他「好好先生」。

爸爸凡事深思熟慮，細密周到，而且永遠樂觀、努力，只要小有成績，他總是把一切榮耀歸於主，「眞是有神啊」、「眞是神的恩典」這些話永遠掛在他的嘴邊。

爸爸媽媽愛心澤被，把先後到育幼院的六百名院童都視如己出，也使他們成爲愛心的象徵。他們對任何人都只是付出，從不求回報，育幼院的院童只要能升學的，他們都會盡量協助，不論是讀大學、研究所，甚至出國留學，只要他們願意讀書，就會想盡辦法幫助。

這裡的院童大部分是山地原住民，這裡吃的伙食好，又有運動機會，因此他們每在學校或軍中服役時，在體能上都能有好成績，這也是他頗爲自豪的。他每次都咧著嘴，伸出手掌笑說：「我們育幼院的孩子出去比賽，沒別的，一定是金牌拿回來！」而遇到院童領到獎狀等榮譽，他都會彩色影印獎狀；有媒體來訪問時，就送給別人當紀念品，對於孩子的好成績，他從不吝於鼓勵。他就像是天下的父母一樣，逢人就讚美誇耀他的孩子聰明。

不繼續升學的孩子們，就業如果不順利，育幼院就像家一樣永遠敞開大門，他們可以選擇回院服務，暫時棲身、然後再等機會。育幼院從不要求出去的孩子回饋。

爸爸逢年過節時，除了全省各地去拜訪曾對育幼院捐款幫助的單位，探望、送土產表示感懷之意；同時還會探訪住在全省各地的院童，瞭解他們的生活狀況，如果過得不好的，就會安排他們暫時回來院裡幫忙。

他撫育自己的孩子和育幼院童並無二致，全家人都為育幼院奉獻，貢獻心力。他常自豪的說：「育幼院的孩子沒有人生病，山裡這麼多蛇，沒有人被蛇咬，六百多個孩子都沒有人犯法。」六龜育幼院前有大河、後有大山，他常說這是一塊磐石裂開，萬年也不會毀壞的。

大家都知道這是一所不向外募款的育幼院，我們有自立的尊嚴，我們感謝自動捐助的善心人士，但是絕不主動向外募款，這是爸爸媽媽一向堅持的理想與原則。即使近年來受到不景氣影響，企業界的捐助減少，他們也不改變。

小時候爸爸常要我背《聖經》《三字經》，背會了就有零用錢可拿。我有時候會主動去找爸爸背，爸爸就會以山東腔問我：「妳沒有錢啦？」我就嘿嘿的笑，也會學他山東腔說：「我沒有錢了！」

從小爸爸每天早上都會煮兩個蛋給我吃，多年來，只要我在他身邊，他從不間斷。他煮的蛋外嫩內黃，蛋黃部分還是流質的，蛋白卻又恰到好處，不至於剝不下來，吃起來都能體會他細膩的愛心，火候到家超好吃的。

爸爸喜歡暱稱我爲「小女子」，他也用同樣的暱稱喚姊姊恩惠；爲我取的英文名字Grace，也和姊姊恩惠同名。不知道他是希望藉此來讓我感覺我和他的親生女兒沒有兩樣，還是爲了好記，我喜歡這種幸福被疼愛的感覺，眞好！

當我在醫院進行矯正手術復健時，口足畫會會長張維德突然來看我，那時我壓根沒有想到自己未來會走上繪畫這條路。她卻突然跑來鼓勵我去學畫，未來可以靠畫筆自立。我當時只以爲是奇遇，後來才知道是爸爸私下去見了口足畫會的人，請他們幫忙來鼓勵我，讓我人生有個目標。

在跟隨楊鄂西老師學畫時，爸爸爲我買花材不計花費，以四、五千元的高價買一盆粉紅和紫色的牡丹花供我作畫，望子成龍、望女成鳳之心再次令我感動。

六龜育幼院揚名海外，美國第七艦隊司令曾親來訪問；美國協防司令柏格將軍、雷根之機要祕書愛令吾也先後來訪，還邀請爸爸去參加他的總統就職典禮。得到諾貝爾獎的丁肇中博士，他的媽媽是爸爸的老師，因此他們從小就在一起。丁博士訪台時，還特別到六龜育幼院來訪老友，住了一天，這都是爸爸津津樂道的事。

爸爸有一肚子學問，但從不炫耀，有人問他你可不可以說一下理念，爸爸會笑呵呵的說：「我一生的哲理很簡單，就是交朋友，養小孩，傳福音。」爸爸的朋友上自總統，下至布衣。爸爸從不道人短，從不抱怨任何人對他不好，總是說這個人多好，那個人多好。在他眼中似乎沒有任何人是不好的。在他眼中似乎每個人有的只是優點。

爸爸曾去拜訪他以前台中師範的校長，那位校長說：「我以前認爲你突然放棄師範學院教書的職位去讀神學院，不是受神感召，根本是神經病。現在我覺得你是做對了，像我教了那麼久的書，也沒有什麼達官顯要來拜訪我，而你辦育幼院，什麼大官都往你那兒去，就連總統都是你的好朋友。我這輩子沒有什麼學生能讓我服氣的，你讓我很感動。」

走！上學去！

六龜育幼院是一個和樂融融的大家庭。

跳芭蕾舞學走路

我沒有因為跌倒放棄學走路，
因為我看到別的同齡孩子都早就會跑會跳了。
於是我在房間裡用肩膀磨蹭著牆壁，
沿著牆壁跳芭蕾，就沒有那麼容易跌倒了。

小時候，我哭起來嗓門特別大，哭聲震天，二哥和媽媽開玩笑：「這小孩將來會當歌星。」沒想到我沒當成歌星，但卻用跳芭蕾舞的方式學走路；也沒有成爲舞蹈家，反而用我跳舞的腳成了一名畫家。

我的右腳出生時就是畸形，腳踝到腳掌幾乎呈一直線，不像平常人的腳板可以放平在地上，左右腳不一樣長，使我學走路很晚，因爲根本站不穩。不過我很好強，一開始只能順著牆沿繞圈圈，慢慢的我踮著腳尖，就像跳芭蕾舞似的，腳跟不著地的走。

在還沒有記憶的一歲時，媽媽就帶我去屏東省立醫院做矯正手術，我的右腳跟才能夠放平，不過和左腳仍然明顯的差了好幾公分，因此走起路來一跕一跕的；右腳後跟的手術疤痕，讓我小時候總覺得自己與衆不同，像獻寶似的告訴人家：「我的腳開過刀。」

年紀稍微大一點，媽媽要醫生爲我裝了鐵鞋矯正，而矯正鐵鞋既笨重又不好看。國中時我就開始穿十公分的高跟鞋，因爲弧度愈大我愈舒服，好吧，我承認愛美也是原因啦。

我要慶幸媽媽沒有在一歲的時候放棄我，否則這一輩子，我可能會永遠都站不起來。

媽媽在我動手術之前，都是一面做事一面把我背在背上。當我一歲開刀後，開始學走路，我嚴重的長短腳，加上沒有雙手的平衡，使我像隻搖擺的企鵝，很容易跌倒。

我沒有因爲跌倒放棄學走路，因爲我看到別的同齡孩子早就會跑會跳了。於是我在房間裡用肩膀磨蹭著牆壁，沿著牆壁跳芭蕾，就沒有那麼容易跌倒了。

舊屋是磚牆，可能是中間的水泥糊得不夠吧，透過牆壁的縫隙，我經常可以感覺到微風吹進來。我沒法擦汗，就會跳著舞，趕到下個縫隙去等風，有時也可以聞到附近養的豬羊等牲畜的腥羶味。這種家的味道伴隨著我長大，揮之不去，就像童年記憶一樣，牢牢地貼在腦海裡。

而由牆隙看出去，我看到了一個美麗新世界，充滿了冒險與樂趣的天堂。

育幼院裡花木扶疏，到處都種著果樹，除了牛、羊、豬、鹿，還有不時報到的新生小動物可以逗弄。育幼院旁是溪谷，溪水的聲音隨四季而不同，溪谷裡翩翩飛舞的鳳蝶、粉蝶、蜻蜓、蜜蜂、鳥雀，溪中游的魚蝦、青蛙，都是可以觀察玩賞的對象。

夏天時，耳朵裡整天都是蟬鳴鳥語，在濃濃的樹蔭下，我喜歡到玉蘭花旁的涼亭中，聞著玉蘭花的香味；涼亭旁一排排七里香的灌木，傳來陣陣怡人的香味，令人非常愉悅。

育幼院經常缺水，媽媽常叫大孩子帶著我們到溪裡去洗澡，我很愛跟著去玩水，有次在溪邊青苔上滑倒，嗆喝了幾口水，從此就有點怕水了。

我最喜歡站在吊橋上，不但可以看到兩旁青翠的山谷，而且在夕陽下，太陽的威力小了，溪谷裡的微風吹得人心曠神怡，站在吊橋上，就像盪漾在一幅畫中似的。

黏在媽媽的背上時，我看到的地方無非是廚房及房子周圍媽媽工作的地方，很少有機會去遠一點的地方探險，能夠跟著其他孩子一起出去玩，我眞是快樂極了。

育幼院的土地原本是貧瘠的，但是經過大哥和三哥等農牧專家多年的整理，到處都是桂圓、芒果、蓮霧這些果樹。一到三四月，可以吃到又脆又甜的紅蓮霧；到了五六月，結實纍纍的綠色土芒果，就是院童們隨手的零食，有時不待我們去樹上摘，熟透的芒果泛黃地流著蜜汁，會突然「咚」地掉下來；到了七八月，又可以吃到甜汁四溢的龍眼，和遠近馳名、香甜肥美的金鍠芒果。

樹上的菠蘿蜜，成熟時有五十幾公斤重，常有人進來偷摘。二哥說，只要沿著一路掉落的東西，就可以找到竊賊是誰，但他們從來沒有認眞追究是誰。

育幼院裡的孩子都喜歡自己爬上樹吃個夠，愛吃多少就摘多少。我喜歡吃果子，他們都會主動幫我摘，但我更羨慕他們爬樹的樂趣。

育幼院的孩子大部分來自山地，個個都很會爬樹，我也喜歡爬樹，而樹上不只有水果可以採食，還有鳥巢、蜂窩。記得小時候，我很喜歡吃白白香甜、柔嫩可口的蜂蛹，不過這樣冒險的事兒，當然不能讓媽媽知道囉！

我爬樹的樣子有點滑稽，我是用脖子和肩膀、腳並用，有點像毛毛蟲在爬樹的樣子，可是沒有人笑我，總會有雙手適時的扶我一下，大部分的時候，他們會用一種尊敬的眼神看著我爬樹，可能正在想：「如果是我，能不能這樣爬樹？」

小朋友的人牆

育幼院裡的哥哥姊姊和弟弟妹妹，
都知道不可以隨便觸摸別人的身體，
這是媽媽從小就教我們的道理。

六龜出了名，我這個蔣經國抱過的無臂女孩也出了名，人人來參觀育幼院，都指名要看我，還有些好奇的歐巴桑要靠近來摸摸捏捏，檢查我的身體。我不喜歡這種不尊重，覺得自己好像動物園裡被參觀的對象。

自從蔣爺爺抱我的照片上了報，我就變成在聚光燈下長大的小明星，記者經常來育幼院報導我的學習與進步，我的生活點滴成了報上常見的勵志題材。而他抱著我的照片，在一九八九年時，發行了面值十六元的紀念郵票。

記者在報導中總是說盡我的好話，說我雖然無臂，但天生麗質、清秀可愛、善解人意、獨立，凡事自己動「腳」做，吃飯、梳頭、畫圖都以腳代手，令人敬佩。還說我記性特強、孤兒院一百多位小朋友的名字都記得，一首歌只要聽上幾次，就能琅琅上口，模仿力強，螢幕上歌星唱歌的動作，一學就會，而且學得唯妙唯肖，令人捧腹。

蔣總統每次到育幼院都會特別詢問我、抱我、親我，我也會大方的說「蔣爺爺我好想念你」！這些一經報導後，很多人到六龜，指名來看我。

遊客開始把六龜育幼院當做一個旅遊的景點，而我是一項不能錯過的奇景。每到假日蜂擁而來的遊客，把育幼院沸騰起來。一輛輛巴士通過蔣爺爺為六龜育幼院修建的水泥「東溪大橋」，載來南北各地的遊客。這些人期待著看到可憐的孤女，期待著看到可憐的孤兒院孩子，張著嘴等著人餵食東西，可惜他們看到的都是有禮貌、健康、活潑快樂的院童。

而那些歐巴桑們，最喜歡圍繞著我問東問西，問得不過癮，還會動手動腳，好奇的摸我捏我，察看我衣服底下究竟是不是有手臂。更誇張的還會掀起我的衣服，探頭到衣領裡去看我的肩膀，是不是長得和尋常人不同。

儘管她們沒有惡意，但是我卻強烈地覺得自己不被尊重，像是菜市場被檢視的雞鴨般，我開始對這樣的探訪深感厭惡。

平常媽媽都會特別吩咐院童們在我面前，不要提「你怎麼沒有手」這種刺耳的話，但是這些費心的保護，到了假日全被破壞殆盡，我被遊客無禮的騷擾。

我開始變得對假日來的遊客有敵意，只要看到成群的歐巴桑們一出現，我就會要小朋友圍在我的身旁，圍成一堵人牆保護我，不要讓她們有機會接近我。

當時常覺得這些大人很奇怪，為什麼反而沒有小孩子懂得尊重人？育幼院裡的哥哥姊姊和弟弟妹妹，都知道不可以隨便觸摸別人的身體，為什麼她們竟然不懂？育幼院的孩子們都懂得不可以隨便說別人的缺陷，這些是媽媽從小就教我們的道理，為什麼這些大人長這麼大，卻不懂呢？

不過這些遊客也同時帶來大批的禮物，不論是吃的、用的或是玩具，有很多玩具、衣服都指名要送給我。我很高興看到那麼多新奇的玩具和漂亮的衣服，媽媽總是要我分享給其他孩子，而不懂事的我，初期總是大哭大鬧，不肯分給別人，「全都是給我的，都是我的。」

對於小孩而言，獨占是一種本能，分享卻是要後天學習的，媽媽持續而有耐心的改掉我自私的本性，教我要懂得感恩，要懂得分享，才能使幸運與福氣持久。我現在隨時都會注意周遭的人是否和我一樣都享有一杯奶茶，即使是最平凡的擁有，只有分享，才能夠使我們擁有的更多。

而分給別的孩子禮物後，每到假日時，他們不用我號召，自動就會圍成一堵人牆保護我了。

哇！俠女被蠶寶寶打敗

自然課每次教到毛毛蟲的蛻變，
就會掀起小學生養蠶寶寶的流行風潮。
我也養了兩隻蠶寶寶在鉛筆盒中，
沒想到卻成為我終生的惡夢……

鄉下孩子的童年是多采多姿的，釣青蛙煮青蛙、找鳥巢偷鳥蛋、打蜂窩吃蜂蛹，鄉下的孩子都知道怎麼自力救濟補充蛋白質。

鄉下學生的生活也充滿趣味，要解剖青蛙小 case，老師請不要尖叫，我來就好。

用腳放風箏，不是電影「唐朝豪放女」的專利，我還想用腳玩彈弓，可是上帝要我別開玩笑了。

國小時，上自然課要解剖青蛙，那名年輕的女老師看到青蛙用力掙脫了大頭釘，由盤子裡跳了起來，不禁豎起頭髮跳腳狂叫；這下子，使她成了同學們戲弄的對象，男生爭相把活青蛙丟在她身上，讓她尖叫得更厲害。最後她發怒了說要找校長來，這時我發揮了俠女精神，出面阻止同學，「你們不要欺負老師，我來殺青蛙。」我自告奮勇上陣，拿美工刀當解剖刀。

育幼院的孩子常到溪邊去玩，在溪裡抓到青蛙，立刻殺了剝皮，丟進在岸邊早已煮滾的一鍋開水中，當場吃起又鮮又甜的青蛙肉。

我從小就有殺青蛙的經驗，自告奮勇上陣。大家看我用腳拿起美工刀來，刀法俐落，開膛破肚的青蛙躺在盤子裡，一顆心還蹦蹦跳，同學們都羨慕我的英雄氣概，連男生也佩服。不過我的俠女氣概，卻被蠶寶寶打敗了。

自然課每次教到毛毛蟲的蛻變，就會掀起小學生養蠶寶寶的流行風潮，我也養了兩隻蠶寶寶在鉛筆盒中，沒想到卻成爲我終生的惡夢。

小學生總有一陣子瘋狂的養蠶寶寶，大家愈養愈多，每次都拿蠶寶寶來比，有人養五十隻，就有人養一百隻，還有人養兩百隻。一下課，都把蠶寶寶放出來遊戲，我也打開鉛筆盒，小心翼翼的把蠶寶寶放出來，讓牠們在桌上爬，牠們爬累了，再讓牠們爬回鉛筆盒睡覺。

有一次自習課，大家照例把蠶寶寶拿出來比賽，突然廣播宣布原本訂在下午的演講課提前舉行，同學們必須立刻到操場集合，大家來不及收拾他們的蠶寶寶，就匆匆忙忙去聽演講了。

教室裡只剩下我和那些蠶寶寶，牠們蠕動著白胖的身軀，爬到教室的桌上、地上，愈來愈多，愈來愈靠近我。那些我原本很喜歡的、可愛的蠶寶寶，大量聚集在我四周時，我似乎可以聽到牠們在地上、書上的腳步聲，和牠們因飢餓發出的嘶嘶聲。突然間，我覺得不寒而慄。

我頭上開始冒汗，一直祈禱演講課快點結束，同學趕快回來，收拾他們滿地的蠶寶寶。但是時間過得特別慢，我可以感覺到蠶寶寶都從地上要爬到我腳上來了。我很害怕，終於忍不住要衝出去，滿地蠕動著白色的蠶寶寶，我幾乎找不到可落腳的空隙，我決定閉著眼睛一路尖叫著往外衝。

踩在那些原本被我當做寶貝般養的蠶寶寶身上，我可以感覺到腳下那些柔軟、飽滿的身軀開始爆裂，地上變得很滑，充滿了綠色的漿液。被我踩死的蠶寶寶，變成一條到教室門口的綠色泥濘路，看起來很噁心。

我又驚駭，又自責，認爲自己殘忍的傷害這些蠶寶寶，一切猶如經歷一場惡夢，一回到家就開始發高燒，以後看到蠶寶寶就很怕，那種悲慘、噁心的感覺，揮之不去。

事後，我還經常做著重複的惡夢，夢到蠶寶寶變得非常巨大，生出翅膀在空中飛，形成很可怕的畫面。之後弟弟妹妹到了三四年級，都會上這個課，媽媽不准他們把蠶帶到我面前，連看到課本上有蠶的圖案，我都會因爲害怕而撕掉。

小小門鈴阻礙學畫路

望著那個簡單的按鈕，
我卻絲毫想不出辦法來，
我的腳沒法抬那麼高，
肩膀也搆不到……

六龜地處偏遠，每遇到創作瓶頸，我就聽爸爸的安排，四處訪求名師。

有人說：人的命不是自己可以掌握的。這一生我願意把一切交託給上帝。在振興復建中心遇到一位熱心爺爺，堅持爲我算命，我告訴他：「基督徒是不算命的。」他看看我，就說將來你會畫畫，當時我還只學了書法的皮毛而已。

我在振興醫院矯正時，當時口足畫會會長張維德來找我，告知口足畫會有助我自立更生的機會，我問她：「要怎麼樣才能加入呢？」她說需要會畫畫，當時我只會寫書法，還不會畫，她說：「口足畫會會先給你獎學金，會寫字學國畫就會很快，趕快去拜師學畫。」

爸爸也主動找上口足畫會的鄭祕書，向她表示：「我自己年紀大了，這小女孩有天分，自己會寫字畫畫。」在我尚未正式拜師學畫，張維德推薦我成爲國際口足畫會的臨時學員，每月就有五千元津貼。初期我只能交書法作品，無法像畫一樣製作成卡片販售，於是北上拜師學畫。

十七歲國中畢業那年，我正經歷我的青春叛逆期，爲了在台北學畫，我和大哥大嫂一起住在台北。那是太平洋房屋以很低廉價錢，在士林租給我們育幼院的房子，供給在台北就業或升學院童落腳。大哥大嫂平日除了照顧他們之外，大嫂正在讀神學院的研究所，大哥則在保險公司上班。

我從小就很愛美，解除了學校的桎梏後，我把自己的美學素養全部用來悉心打扮自己。不過當我把化妝品當做顏料往臉上抹的時候，平日脂粉不施的大嫂卻相當不欣賞我的作品。她看不慣，我認爲她古板，她認爲我虛榮，因此時常有代溝。

有一次，我和大嫂一起去她妹妹工作的美髮店洗頭，大嫂忙了一天，洗完頭，就在後面的房間小憩；而我在大嫂妹妹的慫恿下，把一頭烏溜溜的長髮，染成了酒紅色，那種色澤只有在陽光下才會很明顯。我和她妹妹相約，千萬不要漏了口風，只是不幸的是，大嫂付帳的時候，帳單就洩了底。

大嫂上車時，一路抱怨爲什麼今天洗頭這麼貴？我終於忍不住不打自招，我問她：「你難道沒有看出來我有什麼不同嗎？」大嫂初時不察，仔細看了兩眼，也看出了端倪，她大驚小怪的說：「怎麼把好好的頭髮弄成這樣？」

而我的辣妹打扮，也讓大嫂頭疼。我有一次穿上低胸紅襯衫配黑皮褲，也讓大嫂驚嚇不已。我們家有四位牧師，爸爸之外，哥哥、姊姊、大嫂都是牧師，對他們來說穿衣只是一種禮節，對我來說卻是一種美學的表現。

不過經過那段叛逆期，再回頭看自己，只覺可笑，那時的打扮只是想標新立異，但是卻無法得到別人的尊重，實在不宜。

我一向倚賴心很重，平日對大嫂倚賴甚深，她對我的衣食起居也是照顧得無微不至。不過她語重心長的告訴我：媽媽常爲我擔心，曾對她說：「爸爸、媽媽和哥哥、嫂嫂、姊姊都很愛恩典，照顧恩典都是出於愛心，但總有一天爸媽老了會死，哥哥、嫂嫂、姊姊若也不在了，以後誰來照顧？」

爲訓練我獨立，我原本都倚賴他們接送，現在他們卻開始讓我獨自搭計程車出門。我初時很緊張，因爲聽過太多有關不肖計程車的新聞和傳聞，心中不免毛毛的。二哥不但先用計程車載我去好幾趟，還教我怎樣掏錢付車資，初期我一個人搭車，二哥還會偷偷跟在我車後，看我都能處理，才安心讓我自己搭車。

司機先生往往在我下車時，發現我用腳夾錢給他們，或是請他們自己在我皮包的夾層拿算好的車錢時，目瞪口呆地看著我。他們發現了我的不方便，通常的反應是很直接的告訴我，「不用拿錢了，我免費載你。」我看司機大哥如此辛苦，當然不願意他們白做工，而且我自尊心也很強，我還是堅持給錢。

有一次在大街上發生了一樁意外，兩位路過的年輕人看到司機先生竟從車內伸手拉扯我肩上的皮包，我則左閃右躲，立刻上前見義勇爲，不知是不是情急，他們大喝：「光天化日之下，竟敢強搶民女？」對白和連續劇「包青天」簡直好像一樣，一時之間，我以爲我到了拍連續劇的現場。

眼看他們橫眉怒目，現場一觸即發，我連忙解釋：「兩位大哥，這純粹是誤會，是司機先生不肯收我的錢，硬要把錢塞回我的皮包，不是搶劫啦！」好心的司機竟差點蒙受不白之冤，眞是讓我這「民女」不好意思。

我在台北拜楊鄂西老師學畫，第一天去上課，就遇到了難題。楊老師當時住在一棟七層樓的大廈中，可能爲了防止頑童惡作劇，門鈴設得很高而且在壁角。望著那個簡單的按鈕，我卻絲毫想不出辦法來，我的腳沒法抬那麼高，肩膀也搆不到，那小小的按鈕竟然會成爲我學畫的障礙嗎？我很不甘心。

我在門口踱步等了半小時，終於等到一名路人經過，我請他爲我按了門鈴，總算才進了門。後來爲了對付那個門鈴，我每次出門都在皮包裡放一支簽名筆或筷子，用口啣著它來按門鈴，才不至於不得其門而入。

睡了一年耶！

有次我打瞌睡，
發現周圍的聲音突然安靜下來，
睜開眼睛卻發現他們都在看我，
老師問：「昨晚去作賊啦？」

第一天上課，因按不著門鈴遲到了半小時，一進門，我有點嚇到了。楊老師的學生衆多，而且多半是退休的銀髮族，或是有錢有閒的官太太、家庭主婦，二十幾個人都擠在她那七尺長、鋪了綠色氈布的大畫桌旁看她作畫，一室陌生面孔。他們和善的看著我，然後挪出一個最靠近老師的位子給我這位小妹妹。

驚魂甫定的我，這下才仔細的打量氣質高雅、漂亮的楊老師。她有點像香港電影明星焦姣，皮膚細緻、眼睛圓圓的，據說她已五十歲，但是她看起來遠比實際年齡年輕很多，說起話來柔聲細語，很有老師的威嚴。

典雅的畫室牆上，掛著楊老師三十歲時畫的梅花，八十三歲的張大千在上面題的字。楊老師曾追隨張大千多年，因此老師畫的花鳥，其實和一般女畫家的氣魄手法大不相同，別具一種揮灑的豪情。

楊老師的教法很特別，她邊畫邊和學生聊天，但內容都是生活瑣事、各方見聞，除非學生提問，她的話題很少主動涉及畫技。我以前是學西畫的、有素描的底子，但對於國畫卻是一竅不通，根本不知從何問起，再加上生活閱歷淺，和那些官太太、家庭主婦，原本教書法、插花的學生比起來，我覺得自己還是免開尊口，免得太幼稚惹人笑話。

而她畫的作品，很多不是一次完成，剛開始學畫時，我完全看不懂是怎麼完成這麼好看的畫。她在畫局部時，我也看不出所以然，我勉強擠出一個問題：「要花很多時間完成一幅畫喔？」心知自己問的簡直就是廢話，她看了我一眼說：「要有耐心啊。」

我每週去上一次課，每週她都會出作業，我帶畫作給她看，她看著我生疏的筆法、不純熟的畫藝，每次總是鼓勵我：「很有天分、很有想像力喔。」

每次上課時大家圍在畫桌旁，很多人常擠不到位子，但大家都會挪出老師旁邊最佳的位置，讓我坐著看個清楚，可是我卻常因插不上聊天的話題，又聽不懂專業語詞而常在夢周公。有時我打瞌睡，發現周圍的聲音突然安靜下來，睜開眼睛發現他們都在看我，老師問：「昨晚去作賊啦？」

我有點不好意思，連忙打起精神，但是不一會兒又和周公約會去了，這種情況常發生。雖然很不好意思，但繳了錢，還是去吧。每週兩小時的課，一個月四次，我那時覺得楊老師好像一直陪我們聊天，而大家在聊天當中看她作畫。

最初一年，我上課幾乎都在半夢半醒之間度過，直到有一天，她突然拍醒我說：「睡了一年，睡夠了沒有？該用功了，別發呆呀。回去畫，有什麼問題，帶回來給我看。」

她拍醒我之後，我好像突然開竅了，一方面覺得老師原來一直很有耐心的在培養我的興趣，她一直在注意我，等待我醒過來；一方面也是覺得自己這樣學畫不是辦法，開始認眞學習。

看我認眞學習，她就常在課後把我留下來特別輔導，同學都笑我：「要罰站囉！」

她不會因爲我是用腳畫畫，而對我有所優待，她對我要求很嚴，講話也很直。她舉自己爲例說：「老師的腳也不太好，剛出道的時候，也有人說我是殘障畫家，但現在沒有人再提到這點，我的畫被認同，是因爲我的畫藝。千萬不要終身讓別人說你是個殘障畫家，要讓別人被你的畫藝感動，認爲有藝術價值，願意花錢來收藏你的畫，不是因爲同情你來買你的畫，這樣才能成爲一個眞正的藝術家。」

老師這麼一說，我這才注意到她的腳在走路時，有點不同於常人，而平日若她不提，我根本未發現。她說小時候腳受過傷，不過她從未把這點缺陷當做一個障礙，我打從心眼裡佩服她，心想眞希望有一天能夠學到她的精湛畫藝和那份自信。

跟著她學畫一年後，我終於可以開始提出比較像樣的問題，問得多了，她說：「不錯，你有在學了，你也知道這是問題了。」我提出的第一個關於作畫的問題是：「作畫的方向。我一直覺得很不順，你用右手，我用左腳。」「對啊，老師也幫不了你，沒有別的方法，你就是要多練習嘛！」

這是我很困擾的問題，但是她很輕鬆的做答，三兩句就打發了我。慢慢地，我體會出她的用意，其實解決之道無他，眞的只有多練習。

後來我再問，她就回答我：「作畫要各個角度都練習，不管正向反向都要練習，別人花一倍時間，你就比別人花三、四倍練習嘛。」

楊老師告訴我，她小時候家裡很窮，根本沒錢特別去學畫，但初中時校長每天中午都帶她去素描寫生，高中的美術老師也每個禮拜爲她補習。她沒錢繳補習費，就由媽媽做一大袋饅頭帶給老師，老師也欣然收下。她說自己並不是很有天分，可以拿到那麼多獎，那麼早就成名，純粹就是因爲她非常勤於練習，一路苦練有成，現在才能學術理論和藝術作品兼備。

楊老師非常惜物，即使是破紙也捨不得丟，常說破紙剪裁一下又可做其他用途，而爲了怕浪費紙張、顏料，她偶有敗筆，也會處心積慮的，把敗筆做巧妙修整。她教我構圖要用心，先用智慧思考，再從容下筆，有時揮筆即就，渾然天成。

這些教導我都能很快領悟，我在構圖時，有時常盯著畫紙兩小時，不管旁人如何催促，都不輕易下筆，而一旦下筆，相當精準。因爲我學過西畫，對於構圖較能掌握，加上有書法底子，下筆比較穩。我每次下筆都非常小心，因爲怕浪費紙張；我每次畫不好，爸爸都會把它收起來，都說：「這個很好，那個也很好。」都把我的垃圾給收光了。

爸爸對我的鼓勵，也是促使我學畫的一大動力。剛開始學畫水墨的梅蘭竹菊，每次爸爸都會勸我：「你畫點彩色的嘛，看起來比較喜氣。」

爸爸喜歡大紅大紫的傳統國畫顏色，我和楊老師說了，她就提早教我用色。爸爸喜歡牡丹花，老師就先教我畫牡丹的技巧，及使用各式各樣的顏色。我跟老師說爸爸喜歡什麼，老師就教我，我總想討爸爸的歡心，讓他開心。

記得我第一次畫牡丹的花苞，因爲還不太會控制水分，下筆時水一直往外擴散，爸爸看了說：「這個好耶，這是仙桃，可以拿去給蔣奶奶祝壽。」我說：「爸，這不是仙桃耶！」「一樣，一樣，看來滿好的嘛！」天啊，我畫壞的花苞被爸爸看做仙桃，眞不知該哭還是該笑，我把這個笑話講給楊老師和同學聽，大家都笑翻了。

楊老師說：「要在任何狀況下都能作畫。」

現在我能夠在任何情況作畫，談笑間全不受影響。我有時在育幼院戶外作畫，常有落葉飛花，或偶有飛鳥投擲異物，造成畫紙的污漬，但我也能在談笑間，運用巧思，拭淨後，把污漬畫成葉子、蟲子，猶如老天也在參與爲我的畫布局。

她不只給我畫藝指導，也給我心理指導，告訴我畫藝可以自立，尤其重要的是要以畫藝服人，不能讓人終身以殘障畫家視之。所以我每隔一段時間，還會再去求教楊老師，請她指點一二。

凡事向內求，不必往外求

我最欣賞的知名口足畫家謝坤山，他是現任的口足畫會會長。他原爲焊工，在十六歲的時候誤觸高壓電，雙手截肢，右腳也截肢，左腳趾也受傷，因此只能用口啣筆學素描。他二十三歲時拜吳炫三爲師，十多年前開畫展，經過路透社報導，他被吸收爲口足畫家。他曾開過三次個展，當選全國十大傑出青年。他娶了一位四肢健全的氣質美女，雙方經過長期奮戰，才取得家人的諒解。他常說「凡事向內求，不必往外求」。

他因用口畫畫，脖子肌肉特別發達粗壯，他常開玩笑：「要我打領帶，簡直要我的命。」他善畫油畫、水彩，不但畫藝佳，且是位不藏私、有愛心，言談幽默、胸襟開朗，肯提攜後進的前輩。

國際口足畫會每年有一次畫展，學員和會員都要提供若干畫作，供印製卡片販售郵購。如被總會看中，還會有獎學金。而資深會員不但獎學金較高，且有紅利可拿，會員資格升遷，由國外總裁評定。固定一年交畫作愈多，愈有助於晉升，還會有版權費，是對口足畫家一個很好的保障。

因爲我是六龜育幼院培育出來的，育幼院雖然從未要求我回饋，或是提供畫作供他們義賣，但我有心回饋。婚前，每逢假日時，我會在育幼院現場作畫義賣。過去我交給口足畫會的作品較少，再加上心有旁騖，沒有時間成就較大幅的畫作，而且西畫和國畫欣賞角度不同，國畫的留白，外國人似乎不太欣賞這種意境美，認爲國畫的留白是未完成的作品，所以我晉升較慢，至今尚只是學員而已。

謝坤山把我視為小妹妹，他鼓勵我說：「我知道你對六龜有責任回饋，這份恩情難以報答，但是你很可惜，以你的年資及才華，早該有更好的晉升。不過你每年交的畫作太少，如果你能多花點心思，專精於作畫，多交點畫作，一定可以大幅調升。」他甚至坦白的說：「你應該把內在潛能發揮，使自己能有更大的格局發展。」

謝坤山已是資深永久會員，終身有保障，生活無虞。以前，我對婚姻戀愛充滿憧憬及幻想，現在結婚有了孩子，必須為孩子的未來著想。我已訂下目標，今年要全力為升級會員而衝刺。

他無私的表現，使我對他為人處事的誠懇，非常感動，也希望自己能夠做到。口足畫會每年都有一次畫展，我都會和新進畫家交流本身的經驗，幫助殘障朋友起步。我曾引薦一位身心障礙的朋友進入口足畫會，讓他度過艱困歲月，進而激發他的藝術天分，開啟封閉的心靈。我很開心自己能夠分享學畫心得，也能對別人有所幫助。

萬能雙腳開飛機

我萬能的雙腳不但會寫字、作畫、炒飯、吃飯，包水餃、幫自己穿衣、為女兒貞德洗衣、陪她玩耍，我的雙腳還能開跑車、開飛機！

我的雙腳是我的吃飯傢伙，也是我創造力的泉源。

常常在我出去演講時，主辦單位都會介紹我是「口足畫家」，但我其實不用口，只用腳作畫，主辦單位就會安排同學學習我用雙腳來做事、畫畫，我常請他們別太爲難小孩子了，只要簡單的實驗一兩樣就夠了，例如說，用左腳給右腳穿襪子。

我雖然有一雙腳，但眞正能做細緻動作的只有左腳，右腳只能做輔助動作，就像一般人常只會用右手寫字一樣。

不過，我萬能的雙腳不但會寫字、作畫、炒飯、吃飯，包水餃、幫自己穿衣、為女兒貞德洗衣、換尿布、掏耳朵、梳頭，餵她吃飯、陪她玩耍，也曾讓我遠渡重洋，我的雙腳還能開跑車、開飛機！

一九九六年，第一次應教會之邀去美國巡迴見證。行前，我因為捨不得媽媽，想到第一次要飛那麼多個小時，不知道回不回得來，一面胡思亂想，就哭得唏哩嘩啦，上飛機時還紅腫著眼睛。

到了美國才發現白哭了，哇，那簡直有如走入童話世界。乾淨、美麗的環境與建築，空氣是香的，外國人講話輕聲細語，態度友善，人們懂得精神享受，生活品質好，又重視氣氛。姊姊在我的房裡擺了歡迎的花朵，讓我的美國之旅有了個美麗的開始。

尤其當車子在舊金山風景如畫的十七里路上疾馳時，海岸邊盡是漂亮的別墅。聽說張大千曾在這裡有棟別墅，我很羨慕住在這兒的居民，有這麼好的環境。姊姊鼓勵我說如果我努力，將來也可以住在這裡。

姊姊擔任牧師，平日照顧教友很忙，有三子一女，長子很細心懂事，除了很會照顧弟弟、妹妹，我住在他們家的期間，他還幫我整理行李箱及房間，他後來也上了藝術學院，對繪畫很有天分。

姊姊和美國姊夫感覺像是一直在戀愛，他們彼此講話都輕聲細語，隨時都保持著笑容。姊姊說，彼此尊重是維持夫妻感情和感覺的一種方法。你客氣、他也會客氣，隨時要保持戀愛時的甜蜜。

他們住的很簡單，生活也單純。姊夫在中學教書，他會裱畫，對於藝術也有他的見地。姊夫幫我做了很多生活輔助品，他改裝了一個落地燈座、鑽了洞可以放置我的仙女棒，把燈座放在浴室中，方便我如廁。我每天要負責的家事，則是去前院灑水澆花。

我從小怕水，因爲小時候去溪邊游泳時，不小心滑了一跤，那種痛和嗆水的難過，讓我此後避水猶恐不及。但在美國，姊夫鼓勵我游泳，在開放的泳池和私人泳池，我都去游過。在他鼓勵和陪伴下，我覺得可以面對那些陌生人的注視。他會用一個大救生圈拖著我走，或是扶著我，我也願意嘗試套著游泳圈，但我很怕溺水的無助感，寧可在岸邊看人游泳也很開心。

三個月中，跟姊夫學了些英語會話，有很多回來就忘了，其中最難忘的是姊夫在我走之前大喊的那一聲：「Oh! My God!」

美國夏天的晚上九點、十點還有太陽，姊夫有輛紅色敞蓬跑車，我和姊姊每天都會趁著太陽還沒下山，開車到空曠的地方。姊姊讓我以腳試開，我用腳操控方向盤，只覺方向盤有些硬，但開得不亦樂乎。

有一次遇到警車來巡邏，我們就趕快換位子，那天運氣不錯，警察也很友善，因爲我們在空地沒有妨礙任何人，他們看一看就走了。

姊姊說用腳也可以開改裝的車，典子在日本就開專門爲上肢殘障者設計的汽車。張維德也取得國內第一張以腳操作汽車的駕照，還曾載楊老師出遊。不過想到要在台灣開車，得應付各種超車、飛車技術一流的運將，實在太可怕了！

我們一直緊守著偷開車的祕密，直到我離開美國之前一天，才告訴姊夫，他連呼：「Oh! My God!」

在美國不只是學了開車，我還飛上了天，用腳開了飛機。

姊夫的一位朋友帶我和姊姊坐上他駕駛的小飛機，俯瞰舊金山灣區的美景。

隨著轟隆的引擎聲，我們飛上了藍天。看著朵朵白雲在陽光照射下，由窗邊飄過，我的心也飛起來了。

在空中時，他設定了自動導航系統後，竟放心大膽的讓我試著用腳控制方向盤，整個飛機飄浮在天空中。看到窗外下方是縮小的房屋、玩具般的汽車在高速公路上跑，我真的懷疑自己是在做夢。沒多久，我就把方向盤還給了他，而在天上不知飛了多久，同飛機的姊姊卻發現我竟然睡著了，他們覺得太不可思議了。他們認爲我應該很興奮，沒料到我的反應是好舒服，舒服到竟然睡著了。

姊姊和姊夫帶我在美國教會做見證之餘，陪著我到處遊玩。讓我印象深刻的是有個地方，據說鳥都不敢飛過，因爲那裡的地心引力很特別，若是放個乒乓球在地上，球竟會從斜坡下方往上滾，人站在那裡感覺樹都是斜的，頭都會暈。

姊姊非常愛我這個妹妹，以前常說我好像她的女兒，她把我兩三歲的照片放在皮夾中，走到哪兒都帶著。和姊姊雖然年齡差距很大，但她也是我無話不說的知心朋友。她對我的未來和婚姻，設想得很多。

我到美國，多是應教會、學校邀請作見證及現場作畫。每次作見證，我都很倚賴演講稿，不只一次發生我稿子忘了帶，開車開到半路再折回去拿的不愉快經驗，還讓我們遲到了。我們很痛恨那稿子，可是又不能沒有稿子。

一次，她告訴我稿子掉了，我很緊張：「沒有稿子，我不會講了。」她鼓勵我「試試看嘛，用簡短的方式，盡量把它講出來。」既然遠在海外，哭天叫地都不靈，我只好訓練自己的膽量了。

慢慢的，我終於可以完全不用看稿子，自然的把自己的故事敘述出來；後來美國的華文報紙「世界日報」報導我時，還把我和海倫凱勒相提並論。我很慚愧，其實我沒有海倫凱勒那麼偉大，但眞的要謝謝姊姊把我稿子丟掉了。

一度我很想留在美國、在藝術上深造，姊姊也陪著我找藝術學校。這是我離開學校多年，首次想要回學校唸書，後來並促成我二十三歲再重返學校讀完高中。

二〇〇六年底我第五度訪美，應姊姊之邀，第一次帶著一歲的貞德。一家三口赴美度假，過了一個下雪的聖誕節，美國之旅還是有許多教會、學校熱情邀約，行程排得滿滿的。而初次看到雪的小貞德，開心得不得了。我們三人都留下了美好的回憶。

走！二十三歲上高中

在三年上夜間部的期間，

我從來沒穿過制服。

拍畢業照時，同學們說：「還是大家都穿制服留念吧！」

我大叫起來：「可是我沒有買制服耶！」

爲了想在美國深造，至少要拿到高中文憑，我決定再回學校唸書。二十三歲的我，又回到高中去讀書。離育幼院最近的高中是半小時車程的旗美商工，我進了旗美商工的補校。學校裡除了學商，就是汽車修理，我當然沒法選汽修，於是勢必要和我討厭的數字爲伍了。

經過三年夜校生活，民國八十九年六月九日我自旗美商工補校畢業，畢業典禮在鳳凰花盛開的酷暑舉行，校長安排由爸爸頒給我特別獎，獎勵我克服障礙，完成學業。我用下巴和肩膀夾著獎狀，心中想著其實幫助過我的人，才是眞正的得獎人。

在這三年上夜間部的期間，我從來沒穿過制服。拍畢業照時，我穿著一襲藍色的水手服洋裝，想拍張有學生味道的畢業照就算了，但是同學們說：「還是大家都穿制服留念吧！」我大叫起來：「可是我沒有買制服耶！」

有位男同學剛拍完照，當下把他的制服脫下來借給我拍照：「給你穿！」我不禁嬌嗔抗議：「我才不要呢，上面有你的汗臭味！」

他笑著說：「這是我的男人味，獨家配方喔，別人還聞不到咧！」

我笑著穿上那件有男人味的制服，心中覺得很好玩，「我讀了三年高中，第一次穿高中制服，居然就是畢業的時候。」而這件制服在我身上的時間不過就三、五分鐘而已，鎂光燈一閃，我就換下了制服。

三年的時間，就像那鎂光燈一閃，瞬間就過了。

我國中時，只有美術、音樂、國文好，對數學一向興趣缺缺，重返學校唸書，卻要學商，我的朋友問我：「你是很喜歡數字嗎？還是喜歡數鈔票？怎麼會學商？」我說：「鈔票我認識，數字卻不認識我。」

二十三歲上高中，一開始，原以爲自己會是班上最老的學生，上課的第一天，我發現我不是最老的。班上的同學多半是社會人士，很多都已在上班，來補校是在職進修；也有家庭主婦，像馬師母，她是教會牧師的太太，她住在需要開三個小時車程的桃源鄉。而我每天回家若不是院內的員工接送我，就是黃文臣主任，或是馬師母送我。回到院裡將近深夜十一點，不管颳風下雨，媽媽每天一定守在門口等我回家吃飯，辛苦的媽媽看著我吃飯時，經常累到睡在椅子上。

我仍然是唯一沒有手的學生，學校爲了配合我上課，特別爲我製作了一張四方的矮桌，便於我上課做筆記及翻書。

以前我上國小及國中時，育幼院和學校都苦心安排，在班上安插一兩個育幼院院童，以便照顧我如廁、提重物等瑣事；而在補校沒有育幼院的院童同班，我只能靠同學了，同學們都很熱心，也很有愛心，不論認不認識，每天我上課前，都會有熱心的同學，幫我拿特製的桌子。若非老師、同學、育幼院的照顧，我如何能順利克服這些障礙呢？

在高中二年級時，鄧小平的兒子鄧樸方邀請我到大陸的大學藝術系就學，媽媽和二哥陪我同行。學校給我出了公假，只要我回來後寫心得報告，就不扣分。不過最後我還是因爲太想家了，終究沒有答應留在大陸完成大學。

我在大陸參觀藝術學院、宿舍，很多地方學校整天都配合我們，高幹全程陪同，校門口寫了大紅布條歡迎我們，待我們有如上賓，但我面對這種禮遇，心理壓力很大。

我去參觀吃住的地方，發現中國人和外國人不一樣，設備大不同。外國人吃的是自助餐，菜色豐富，環境乾淨明潔，而當地人都是用大碗公裝大鍋菜，當時心中的感受是，「眞的不一樣！」

他們告訴我以後可以住外國人的宿舍，外國人住的是一人房或兩人一間，讓我吃住全免。校區範圍很大，宿舍離教室太遠，走路要二十幾分鐘，我表示太遠不方便，他們立即表示學校教室旁可以爲我蓋一間客房，但我拒絕特權。

當天學校還找了些同學和我談，大家談得投緣，我藉高幹出去打電話時問他們，是否眞心喜歡我當同學。他們坦白說雖是上面交代，不過眞心希望我能留下來當同學。

學校當天有很多殘疾人士都停下正常的工作配合我們，我們要看什麼，他們就做什麼；而我發現殘疾人士在當地學習者大部分是聾啞，我沒有手，不能打手語，如何溝通是很大的問題。他們立刻就表示可以招生，招收一些正常人士來協助我。

幾乎我提出任何問題，他們都答應可以立刻配合，我受寵若驚，心裡一直在想：「天啊！怎麼會有這麼好的事！如果我沒達到他們要的效果，豈不會很對不起他們！如果他們什麼都不要求我做，那我欠下這麼大的人情債，如何還？」

心中壓力眞的很大，雖然大家都鼓勵我去，只要我去，高中學歷只要形式通過，就可跳升大學，他們還會介紹很多藝術老師給我，條件非常好。

但我去餐廳時，正巧聽到學生們竊竊私語，說：「這是有來頭的。台灣來的，高幹介紹來的。」我瞭解他們是對我抱著特殊眼光的。

二哥鼓勵我，說這個機會太好了，一下子就可以跳到大學，是別人沒有的機會喔！但我考慮很多，想想我難道沒有別的選擇嗎，一定要在大陸才可以唸大學嗎？台灣也不錯啊！再說我放心不下年事已高的父母，我希望多陪陪他們。

我回台後，學校的黃主任都說應該留在大陸學畫，眞是天上掉下來的機會，但我考慮了很久，想想自己何德何能，享有如此厚愛，最後決定還是留在台灣。不過對於鄧先生及大陸人士曾給我的溫暖與鼓勵，我還是相當感激。現在每年國父紀念館有「弦月之美」活動，大陸人士來台交流、表演，我也經常以台灣口足畫家身分受邀，與他們做文化交流，如果他們到六龜，我的家人——六龜育幼院，也常會招待他們前往參觀訪問。

人不為自己活，最幸福

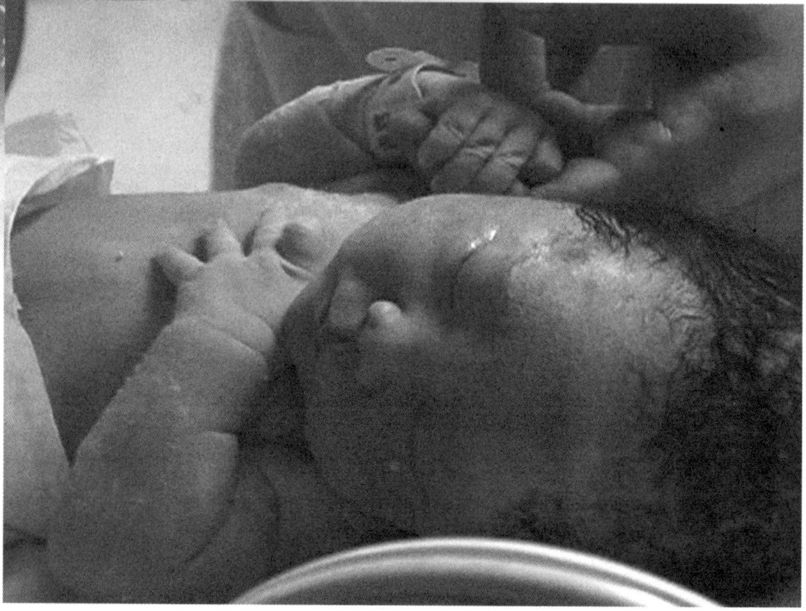

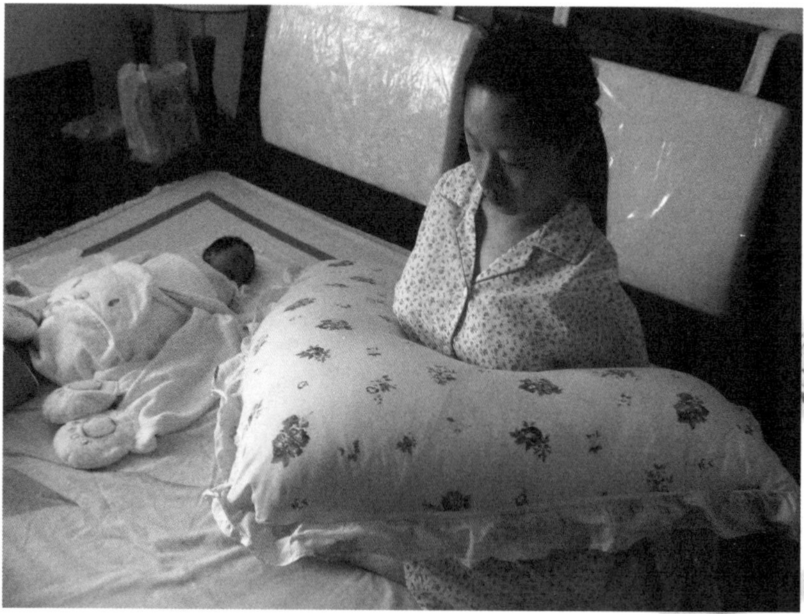

大手牽小手（上），恩典用 L 型哺乳枕餵奶（下）。

都是手機惹的禍

我常說我愛吃健康醋，
其實我是醋罈子，婚後我偶爾會查看信義的手機。
為此，在一次到加油站加油時，我們發生口角……

和信義戀愛、結婚，是手機牽的線，但王子公主並非從此過著幸福快樂的生活，手機後來也惹禍。戀人眼中容不下一粒沙，更何況是另一個女人的電話。

信義自奉節儉，但對我很大方，他幾乎不爲自己添購衣服，平日只穿公司發的制服，生活也很簡單，我問他：「做事十年多，錢都花到哪兒去了？」他坦承都花在前女友身上，因爲他有一個觀念「只要交女友，就是要花錢」。前女友除了傷透了他的心，還花光了他所有積蓄，讓他刷爆了三張卡，又因爲駕車出了車禍，賠償前後碰撞的兩部車，幾乎是一文不名的狀況。

對於這樣的狀況，我曾問自己是否要接受？後來姊姊告訴我：「愛一個人就要完全接受，不管以前如何，只要有心解決問題，在『愛』裡沒有難成的事，更應該互相扶持、包容。」後來想想，信義對我的好，絕對值得我義無反顧的愛他。錢沒了可以再賺，但一顆愛我的心要到哪裡去找？我們的認識，不就是從零開始嗎？

我常說我愛吃健康醋，其實我是醋罈子，或許是沒有安全感，婚前交往期間，我就開始瞭解信義以往的交往紀錄，常在他的書桌抽屜尋寶。我曾找到上千封的信件，但內容不像是情書，因爲沒有男女朋友間的甜言蜜語，反倒是在談一些做人處事的態度、道理。原來信義以前有交筆友的習慣（難怪練了一手好字），不過他還是當著我的面，將他累積多年的書信，一把火化成灰燼。

婚後我偶爾會查看他的手機，爲此，在一次到加油站加油時，我們發生口角，他告訴我：「如果你還是很在意這手機會有不相干的人打來，我可以不再使用。」說完，他就把手機放在車輪底下輾過，輾一次還不夠，還倒車來回輾了一次。當時一旁的加油員還以爲他發神經，但我也經由他激烈的舉動，理解到他要獲得我百分百信賴的決心。

儘管當時信義的母親對我很好，但我們決定要先搬出去，體驗獨立的生活，證明我們確實可以獨立。

我們在屏東市區，靠近信義工作地點的附近，委託房屋仲介找房子。仲介帶我們去看的都是便宜的公寓，陰暗濕霉，我看了很不喜歡，詢問他是否還有其他選擇。他想了一下，告訴我「有一戶不錯，但是房東會挑房客，她要先看房客和她磁場對不對，才決定要不要出租」。

這是戶位於屏東市區的透天厝，房東的三個女兒都大了，白天都去上課、上班，房東太太把空房間出租。我一看，就喜歡上那個寬敞明亮的房子，房東簽約收下了三個月的訂金，可是第二天我們搬東西去，她卻把錢退還給我們。我很難過，心想好不容易找到一間合意的，房東卻不肯租給我們，萬萬沒想到她竟然說：「不能收你的房錢！」

原來房東在我們簽約當晚做了一個夢，她說我宛若「無臂觀音」，她每天早上四五點就起來修行禮佛，是個虔誠的佛教徒，她說：「我應該要幫助你，所以怎能向你收錢？如果你要幫忙，隨時可以叫我，甚至把我當丫環都可以。」我聽了覺得不可思議，趕緊向她解釋我是個虔誠的基督徒，不可能是觀音，但她就是堅持不收。

在那個明亮寬敞的大房間，每天信義一早去上班前，會爲我準備中餐，我就在房中畫畫。住了一個月，依規定該按獨立電錶付電費時，房東卻連水電費也堅持不收。信義覺得很神奇，怎麼會有人租房子不要錢？他說：「在你的生命中，時時刻刻有恩典，你沒有開口，竟然就有人無條件幫忙，讓我不得不相信上帝的愛，一直跟著你。」

而令他服氣的還不只這些，房東看我每天作畫，常忘了吃信義給我準備的午餐，她開始每天爲我準備中餐，而且每天供應不同的新鮮蔬果汁，要我注意營養，我本來不願意如此麻煩她，但她說：「你不要讓信義背負罪名，你媽媽如果看到你因爲跟著信義變瘦了，這樣不好。」

聽了她這麼說，我開始白吃白喝。她打的各色新鮮果汁，都好喝又營養，可是有時碰到她費心打的紅蘿蔔汁，原本挑食的我，爲了不違她的好意，只好說：

「我現在不渴。」或者「等一下留給信義喝好了。」房東太太常常回答我：「你趕快喝，信義的，我另有準備。」

她女兒聽說她租房子給楊恩典，都不敢相信我就是那個楊恩典。當她們得知我們要獨立生活的決心，也尊重我們，對外絕不透露口風，保有我們要的私生活。

信義幫我準備飯菜及我愛的零食、飲料，還租了許多我愛看的韓劇，讓我打發時間。只是一個人在家時，即使滿是我喜愛的食物及影片，我仍覺得無聊，再好吃的東西也不香。他時常在下班回家後，發現桌上的飯菜我都沒動過，還以爲煮得不合我胃口。後來他怕我餓著，就帶著我去上班，把我安置在他車上。我在車上看韓劇ＤＶＤ，想上廁所時只要一通電話，他就會來帶我上廁所。

好心的房東後來成了我的乾媽，她還在我的結婚證書上擔任介紹人，逢年過節還捐錢給六龜育幼院，並處處行善。搬離她家後，內心很不捨也常去探望她，她總會把家裡種的芋頭，送我幾大麻袋。乾媽一家人的大愛，讓我很感動。這樣的善緣和溫情，我眞的相信自己是幸運的。

婆媳過招都靠他拆招！

信義常說：「人不為自己活，最幸福。
屬於我的人生已經過完了，
現在上天給我的任務，就是照顧恩典！」

信義說鄉下人認爲，一個家庭只要出個大學生就夠了，鄉下人的觀念就是趕快開始賺錢，他自認不是讀書的料，就把當大學生的工作讓給弟弟去完成。他打從十七歲高職畢業就開始工作了，他小小年紀第一次賺錢時，就買了台電視給家人看。他是個很會照顧家人的好男人，一半是出乎天性，一半也是對母親的體恤。

我公公早年在寮國做合板業，當年我婆婆在高雄出了車禍，有一陣子，公公常在醫院陪我婆婆。信義和哥哥、弟弟都差兩歲半；哥哥當時唸夜校高職，也在外面工作賺錢，家中大小四個男人，全靠信義下班後，回家煮飯給家人吃。信義不以爲苦，還說：「以前常看我媽煮菜，就很想自己煮煮看。」

我們在屏東的家，特別設計了兩組廚具，一組是正常高度，是信義專用；另一組是專爲我設計的，流理台離地只有三十公分的高度，爲適合我用腳做菜訂做的，家中所有設備是以無障礙來設計。

但是新婚才開張，就險些失火。我一時大意放了太多油，整個鍋子著火了，我嚇得丟了鍋鏟逃命，由信義滅火善後。他還取笑我：「你還知道逃命，不錯嘛！」此後又發生一樁令他膽戰心驚的事，他看我用腳切菜，差點把腳趾剁下來。從那次以後，信義就說：「你的腳還是拿畫筆就好，鍋鏟交給我吧！妳就把我當做上帝賜給妳的一雙手吧！」

信義一直有個很好的觀念，一個家庭的維繫，靠的是夫妻共同合作，家事沒有一定得由誰來做的道理。

站在婆婆的立場，我充分能體會她想要兒子有個健全兒媳的想法，而我也努力不要成爲信義的負擔。電視上常看到的婆媳問題之所以沒發生在我們身上，除了婆婆的善良與體貼之外，其實很大部分，來自於信義的深思熟慮與努力。

例如我到他家吃飯，我吃剩的飯，還有菜渣，他都會趕緊把它吃掉，免得我被老人家叨念。

信義常對我說：「在很多事發生前，要先處理，遇到事情發生了，可以過幾天再重新溝通，建立共識會比較好。」因爲我講話很直，幾乎想到什麼就說什麼，很多事講了就很難彌補，都靠信義從中轉圜。

當我懷孕時，到信義外婆家拜訪，外婆問我：「你將來要怎麼帶小孩啊？」我就順口回答：「我養過很多動物，養過鳥、養過狗，還有烏龜，養小孩應該也差不多吧！」外婆瞪大了眼睛，腦袋一時還轉不過來鳥、狗、烏龜和她寶貝金孫的關聯性。其實最嚴重的我沒說出來，因爲連最長壽的烏龜都被我養死了。有一次出去辦活動，好幾天忘了餵，牠就蒙主恩召了。

但這番話已經把信義嚇出一身冷汗，他趕緊講笑話岔開話題，他說：「烏龜你就抱著去洗澡，直接做烏龜湯。」接著他轉頭向外婆說：「您一開始也不會帶小孩啊，您也是到處問啊！到恩典生了以後，您要天天在家等電話喔，我們要問您喔！」

信義在我懷孕期間，就開始上網查詢如何育兒，甚至於幫老婆坐月子，他都統統一手包辦。

我們堅持要自己把孩子帶大，除了對育兒有足夠的信心以外，我從小看到育幼院的小孩許多是來自破碎家庭，我知道，他們內心最需要的就是愛。我因爲小時候受到爸爸媽媽疼愛，集三千寵愛於一身，常常想著，如果有一天有自己的小孩，我一定要給他最豐富的愛，並且陪伴他成長走過每個階段。

但是他還是常刻意帶我回去請教外婆和婆婆、媽媽，讓她們很熱心的指點他。而婆婆把我當女兒疼，連公公和她交往時，送她的定情之物「貝殼」都送給了我。

信義照顧我和小孩，可說是無微不至，婆婆有時候會吃醋，會和公公說：「看你兒子，什麼都會做，什麼都肯學，你呢？」結果我公公現在也會拖地、洗碗，以前大男人的舊觀念，現在慢慢改了。

信義還會教我如何和公公相處，要我嘴巴甜一點，噓寒問暖，「這幾天天冷了，要多穿點。」公公沈默寡言，我怕話匣子難打開；信義就教我公公喜歡種花，我可以請教公公一些種花的知識；我愛漂亮，愛用蘆薈洗臉，他也教我可以乘機請教蘆薈的問題，公公一定會樂意回答。他的錦囊妙計果然奏效，成功地為我和他的家人搭建了溝通之橋。

信義做一件事，常考慮很久，思前想後，設想一切狀況，然後才下決心。他不會甜言蜜語，更不會耍浪漫，但他的眞情，卻表現在對家人的體貼與照顧的行動上。

他常說愛一個人，對於她的過去，不用太在意，重要的是如何營造美好的將來，即使個性上有差異，也會因長時間的相處，而有一定程度的融合。衝突、口角，必須靠有效的情緒管理來減少發生的機會，或縮短發生的時間。

婚前，他對於愛情有所謂的三不原則：

「不送花」。因為買花很花錢，最多一星期就會凋謝，萬一，女友突然問他，她美還是花美，要怎麼回答呢？

「不送巧克力」。因爲吃了會胖，且女友會問，她甜還是巧克力甜。

「不說我愛你」。眞心愛一個人一輩子，是必須花很多心思、時間、耐性，去包容與體諒。隨便一句「我愛你」並不足表達愛的意義。

婚後，他對我說：「你跟著我，不會讓你擔憂明天有沒有飯吃。」我們的家很溫暖，也不需要和別人家比較。他說：「在這個房子中，我很滿足，裡面擁有很多歡樂與笑聲，我所要的一切都在這裡。」

他其實是個大男人主義者，認爲男人本來就有義務保護柔弱的女性，他期待另一半是能讓他呵護關懷的女性。

雖然婚姻的道路上，他父母的反對是明顯阻礙，但取得我家人的信賴對他也是無形的壓力。他覺得，媽媽和二哥都希望他能夠在生活上照顧我，而二哥還會思考他有沒有能力導正我的觀念、想法；至於爸爸一直想讓我能有更高的社會地位及認同；而院內其他員工，對我也都有不一樣的期許。

他開始學著當媽媽的朋友，和她談天，聊聊創辦育幼院的過去。透過媽媽他了解很多我的過去，以及媽媽對我的擔心。他試著讓媽媽信任他，讓她看到他成熟的思想，及對未來平穩的計畫。

由於媽媽年輕時操勞過度，一身是病，尤爲風濕性關節炎所苦，即使年紀大了，還總想著爲育幼院做些什麼。平常她喜歡種花，但常在搬花盆時跌倒，爲了讓她轉移興趣及注意力，信義就買了台電腦送她，教她使用。現在媽媽常和電腦下跳棋，還會和電腦對話，甚至罵電腦：「你耍詐，還騙我！」大家聽了都會心一笑。

他也讓二哥看到，他用自己的方法，改變我對人對事的態度、觀念。至於得到爸爸的認同，則花了他很長的時間，終於在結婚後一、兩年，親口聽到他老人家高興的向別人介紹，「這是我女婿，什麼都會！」

我生長的六龜育幼院，是個超級和樂的大家庭，大家資源共享，而且樂天到不知算計，凡事有上面那位「老闆」掌管，遇到困難阻礙，我們就會「向上帝禱告，祈求神帶領我們」。但是信義從小就生活在克勤克儉的小康之家，凡事都要計算。初期，我不太習慣這種刻苦的實際生活，尤其是和公公婆婆有時會因爲價值觀不同，有些代溝，全靠信義的智慧從中化解。

他常說：「人不爲自己活，最幸福。屬於我的人生已經過完了，現在上天給我的任務，就是照顧恩典！」雖然他不要浪漫，但有比這更甜的巧克力嗎？

不孕三溫暖

「也許上帝還沒有把我的寶寶準備好吧?」

我向公公婆婆道歉讓他們期盼落空,

婆婆及家人都安慰我,來日方長,調養好身體,繼續努力。

人家說結婚第一年,最好不要生小孩,怕夫妻感情不穩定。但到了第二年我開始緊張了。

我的公婆抱孫心切,但他們不敢提、不想給我壓力,只是婆婆送了一對娃娃暗示我,如果可以,最好生兩個孩子,一男一女恰恰好。

起初我懷疑自己是不是不孕症,尋訪過許多大醫院,吃了一大堆名醫開的藥,肚皮仍是沒動靜。我最初檢查只是因經期不順去調經,希望趕走不孕的恐懼。經由熱心助人的華恆治醫師介紹,最後在高雄市的民生醫院檢查有了結果。

婦產科鐘明勳主任診斷說我是黃體囊腫，有五公分囊腫擋住了輸卵管，爲了想當媽媽的決心，我開了刀。

出生在台南的鐘醫師，從小在艱困中求學，對於繪畫很有興趣。我送了一本畫冊和之前出版的第一本書給他，他很感動，他說由其中可以看到我的天分與努力。他對於困頓中成長的我，也特別能感同身受。

他說：「做爲一個婦產科醫師，我的職責就是要爲孕婦把舞台準備好，才能上演精采的人生劇碼。懷孕有時有點運氣，抱在手上不要掉，抱回家才算數。」他看過很多失敗的例子，有些眞是功虧一簣。有位病患好不容易治療好不孕症，懷了雙胞胎，高興得要命，結果三個月後，因爲子宮閉鎖不全，就流產了。

雖然我天生肢障，但他從我天生無臂的外型判定，應該是我的生母在懷孕期間服用了什麼藥物所致，他評估我的情況不會影響到遺傳基因。

爲了能夠孕育下一代，我開刀後，還吃藥治療了好長一段時間。他原本告訴我，如果吃藥再不靈的話，就要開始打針了。九月份我正要由屏東趕到台北參加在中正紀念堂中正藝廊舉行的「天使．人間Angels二〇〇四年國際口足藝術畫展」。之前爲了參展的八幅作品，作畫的時候，還不知道已經懷孕。

當我第一次說「月經沒有來時」，鐘醫師也不敢確定我有孕，結果在檢驗尿液後，證明我眞的懷孕了。懷孕兩個月時，我歡天喜地的向親朋好友公開喜訊，在結婚兩週年前夕，我們第一次聽到嬰兒心跳，那就像一輛幸福火車，載著我們好多夢想，我們都高興的說這是「禱告得來的孩子」。信義更是爲這麼多奇妙的事發生在我身上，說他「不得不相信禱告的力量了」。

當時算預產期，寶寶出生的時間大約在次年六月，正是雙子座的孩子。因爲信義是雙子座的，我一直覺得雙子座是最聰慧靈巧的，很多事幾乎不用學就會。我自己是雙魚座的，我希望孩子不要像我太浪漫又不夠聰明，要像信義聰明就好。

我害喜得很厲害，每天都像在暈車似的，幾乎吃什麼吐什麼。那時只敢吃素食，天啊！眞不敢相信第一次吃素食居然是懷孕時，以前我餐餐離不開魚肉，而暫時改吃素食，自己覺得不可思議。但是對於兩人一起帶孩子充滿了信心。雖然我婆婆對於抱孫很開心，有意幫我們帶孩子，但信義說：「我們要爭取自己帶孩子，這種樂趣我們當然要享受一下。」

我週四去台北參加畫展，行前產檢，還聽到胎兒的心跳聲像一列疾駛行進的火車。週五我在台北開心的宣布懷孕了，但不幸的是沒幾天工夫，我就由雲端跌到深谷，那列火車突然戛然而止，提前停靠在不知名的小站，不再往前，我痴心守候卻撲空了。回家一週後，發現胎兒的心跳愈來愈弱，最後不幸流產了。

鐘醫師一直安慰我說：其實流產是很平凡的現象，流產率其實高達四分之一，甚至很多情況發生時，是連當事人都未察覺，就隨著經血流出。這就像海裡的魚，每次產卵都十幾萬顆，但只有百顆可活。

鐘醫師說卵的發育每個月都不同，是由荷爾蒙產生的不同濾泡來決定，這是大自然的選擇。這次是因卵子發育不良而流產，從好的方面來說：「這證明你是可懷孕的，子宮、卵巢都是正常的，只是這次品質不良，下次可以改善。再努力吧！」

他要我考慮兩天，再決定是否採人工流產方式把胎兒刮除。我雖然很傷心，臉色相當難看，但徵求信義同意後，當場就決定接受手術。手術後意外地大出血，把整床的床單都染紅了，只是身體的苦痛，我能承受。從小到大，動過大小手術多次，連手術後，醫師要開給我止痛藥，我都拒絕。可是心裡的痛，卻無藥可醫。

「也許上帝還沒有把我的寶寶準備好吧！」我向公公婆婆道歉讓他們期盼落空，婆婆及家人都安慰我，來日方長，調養好身體，繼續努力，信義爲我煮了不少補品調養身體。

接著我面臨一段傷心與尷尬時刻，原本因爲好不容易懷孕成功而歡天喜地，走到哪裡都有人恭喜我。臍帶血銀行、胎毛筆，各種嬰兒用品都找上我，但流產讓我一下子由雲端跌到了谷底，最難過的就是再聽到別人說「恭喜」，還有人說我假懷孕炒新聞，讓我心情猶如三溫暖，瞬間盪到谷底。

所幸，我們持續的禱告還是有效的。隔了兩個月，我又懷孕了。有過流產經驗後，再次懷孕，我不敢再貿然宣布。

這次我格外小心，別人產檢是每月一次，我是每週都去檢查，且都要照超音波。鐘醫師爲了讓我安心，每次都非常有耐心的爲我檢查，後來甚至把我照的超音波照片、影片燒成了光碟給我紀念。

有時只要神經敏感，覺得孩子又在肚子裡不動了，我就會趕到醫院去急診，問醫生：「怎麼辦？」鐘醫生看我惶惶終日，建議我做羊膜穿刺，看胎兒是否正常。很多人叫我不要做，說花錢又痛，我又不是高齡產婦，但信義說：「只要能確定小孩健康，早知道早安心嘛！」講的當天就做了羊膜穿刺，所以我們很早就知道我們會生個女兒，只是這次我們學乖了，密而不宣。

懷孕的時候，我甘苦備嘗，簡直是惡夢的開始，現在回想都還會怕。記得在懷孕五個月時，因爲肚子增加的重量，上車時一不小心導致我右膝韌帶斷掉，到哪裡都得坐輪椅，還得裹著石膏腳，受傷期間還必須把答應的畫展、演講或現場作畫如期完成。

信義不忍看我如此辛苦，要我取消所有活動。而我堅持不可開天窗，兩人爲此還起口角。這突如其來的狀況嚴重影響到我作畫，每當作畫時，石膏腳一放到地面就變紫發黑、腫起來疼痛不已又無法解決，因爲懷孕不能吃藥、不能打針，更無法照X光片。當時，上下車要靠信義抱，就連日常生活基本的刷牙、洗臉、吃飯都痛到無法自理，全仰賴信義的那雙手。他笑著對我說：「幫自己刷牙很容易，幫人刷牙是很奇怪的感覺。」懷孕後期嚴重貧血，走沒幾步就頭昏眼花、加上腳傷，尾椎部分因壓迫到，所以站、坐、躺都非常痛苦，簡直不能入睡，每天半夜我都偷偷的哭。辛苦承擔這一切，就是爲了等待生命的喜悅。信義則安慰我，他告訴我：「想想我們的寶寶會是一個可愛又貼心的小女生！」我就有股莫大的勇氣，爲了讓孩子健康誕生，什麼辛苦都不怕。

誰是爸爸？

八點五十分攝影小組到了，
開刀房一下子擠進了十一個人，
產房裡擠了那麼多人，
護士反而搞不清楚誰是孩子的爸爸？

我生產時，產房擠進了十一個人，像是個擁擠的舞台，大家屏息等著女主角登場。而且醫師必須掌握在四分鐘內，把女主角請出場。

因爲我脊椎開過刀，脊椎至今還放置著鋼釘，確定懷孕後，爲了安全，已決定要剖腹產。麻醉醫師評估我只能全身麻醉，且爲避免麻醉藥傷及小孩，醫師務必在四分鐘內快速把小娃兒抱出母體。

孩子的預產期是九月二十日，我原想選在九月十四日結婚三週年時剖腹產，心想雙喜臨門，將來不用提醒老公，他就會記住結婚紀念日了。但人算不如天算，八月二十九日清晨六點，我肚子就隱隱作痛，睡眼惺忪地努力爬起來想上廁所，一股由體內突然傾瀉而出的溫熱洪流把我驚醒。

哎呀！破水了，孩子提前來敲門！

慌忙中，我叫醒信義，打電話給鐘醫師，我和信義即刻開車動身由屏東趕到高雄。我信守承諾，打手機通知了光啓社，要讓范可欽主持的「范范之輩」工作人員拍下珍貴的紀錄片。

和范大哥認識，是經由「生活大作戰」的製作人張鳳鳴介紹的。當時范大哥主持這個節目，因爲張大哥從我十六歲就拍我的紀錄片，對我的成長非常熟悉。在我和信義婚後，還一路追蹤記錄我的成長，邀我們上節目訪問；范大哥後來製作及主持「范范之輩」，也是張大哥出的點子。因此，我答應范大哥，生小孩時，一定讓他獨家記錄拍攝。

平常高屏公路開起來很快，但當天一路上並不順利，車子頻出狀況，溫熱的羊水不斷地由我體內流淌出來，在車上流得到處都是。我開始擔心肚子裡的羊水要是流光了，孩子會缺氧。一些不好的念頭都浮現了，心跳加速，更增加了陣痛的難過。

八點多到了高雄民生醫院，開刀房雖然已經準備好了，但我並沒有馬上開刀，因爲要等台北飛過來的紀錄片攝影小組。我的陣痛一陣比一陣加劇，曾經有人告訴我說：剖腹產不會經歷陣痛，而我爲了留下珍貴的畫面，雙重疼痛都享受到了。

鐘醫師推估我是第一胎，應該不至於那麼早生，於是一面監控我的產程和聽胎兒心跳，一面準備術前的各項事宜。

就在快撐不下去的時候，八點五十分范大哥及攝影小組到了，開刀房一下子擠進了十一個人，包括我和信義、兩位攝影師、一位導演、三位護士小姐、一位麻醉醫師、兩位醫師。在燈光下，這像是個太擁擠的舞台，沒有音樂，冷冰冰的空氣中只有小聲的交談和器械聲，平日鎮定的鐘醫師也開始冒汗了，他在兩組攝影機的鏡頭下畫下第一刀。

鐘醫師原本最擔心的是我破水後，陣痛開始，子宮收縮會造成臍帶的壓縮，影響到胎兒。因此當他接生時，最高興的是，還沒有把女嬰抱到護士小姐手上，小孩就張口大哭了。

儘管在之前，我已做了羊膜穿刺檢查，確定染色體一切正常，也用超音波一再檢查，就是爲了確認她一切健全。可是當她用力舞動著健全四肢，剎那間，產房充滿了開心的驚嘆聲。

醫師用紗布擦乾淨嬰兒的嘴，把身上還沾著黃黃胎脂的娃娃抱來給我看，向我恭喜。不知用什麼言語可以形容，我的內心充滿了感激與感動，只有不斷地說：「感謝，感謝上帝！」

而產房裡擠了那麼多人，護士反而搞不清楚誰是孩子的爸爸，小孩生出來後，護士一直在門口喊：「哪位是楊恩典的先生、小孩的爸爸？」因爲信義表現得太平靜了，根本讓人看不出來，范大哥和攝影組人員異口同聲說：「小孩的爸爸從頭到尾就在產房裡。」

信義一直守在我身旁寸步不離，注意著我和醫生，事後他說，他一直在默數著醫生用了幾塊紗布，深恐有一塊會留在我肚子裡，他還說護士好緊張，紗布都掉地上了。他一直盯著，怕她們會撿起來再用。

在麻醉藥發生作用讓我昏睡之前，我還不斷叮嚀信義，「不要抱錯孩子喔！」

他笑我說：「你電視劇看多了，醫院生意沒有那麼好啦！」

護士也忍住笑保證：「有兩台攝影機盯著，放心不會抱錯的。」

接下去的一個半小時，醫生把胎脂、胎膜、子宮膜清除乾淨，把我的子宮縫合三層，爲我清除肚子中的血塊，接著又縫合三層肚皮，最後一層表皮是以小針美容方式縫合。

幾個小時後，我在恢復室醒來，第一個要求就是要看女兒，范大哥告訴我：「放心吧！我幫你數過，手和腳趾一根也沒少。」體重兩千五百五十公克的陳貞德，紅通通的臉龐好像水蜜桃，讓我好想咬一口。後來范大哥因爲親眼看著小貞德誕生，開心地認了小娃兒當乾女兒。

女兒在誕生前，就已經由爸爸取好了名字；爸爸寫了十幾個名字讓我挑，我挑中了「貞德」，因爲我知道當我的女兒不容易，她會受到很多人的注意，上學時一定會有人問她：「你媽媽爲什麼沒有手？」她要比一般孩子承受更多的壓力，我希望女兒長大以後和聖女貞德一樣堅毅、勇敢來面對她的人生。

在艱辛的孕育生命過程中，我更體認到每個人都應該珍惜生命，像我如此殘缺的人，都能爲創造出新生命一再努力，一般人遇到挫折，應該比我更容易克服困境。我相信所有的問題只要肯努力，都是可以解決的。

儘管產後傷口疼痛難耐，但我仍克服身體的不適，在信義的協助下，堅持親自餵食母乳。看著寶寶第一次一口氣吸了十多分鐘的母乳，我們都高興得難以言喻。小貞德的到來，豐富了我們的生命，也使我們的人生有了嶄新的意義。

我是外星人？

在美國演講時，有個幼稚園小朋友看到我用腳做事，不知道我是超人還是外星人，問我：「那你怎麼睡覺啊？」我就笑著說：「眼睛閉起來就睡啦！」

我是敏感而浪漫的雙魚座，信義是機智而務實的雙子座，結婚的第一個月，我們都在吵架中度過，我老是說：「你怎麼變了？」他總是說：「你怎麼一點都沒變？」

我在深山裡成長，涉世未深，六龜育幼院把我照顧、保護得太好，我很多想法過於天眞，信義有時會笑我是在別的星球長大的「外星人」。信義的成熟穩定，讓我學習到很多，他不但贏得了爸媽的信任，也改善了我和一起長大、一直存有心結的妹妹的關係。

信義是個由生活中找答案的人，他不愛長篇大論說道理，但是用行動實踐自己的想法。

從小被育幼院收養的妹妹是位白子，她的眼、眉、頭髮，甚至睫毛都是白色的，皮膚像嬰兒一樣粉紅，像極了童話故事裡的白雪公主。小時候她和我住在一起，也在我的陰影下成長。當大家把注意焦點集中在我身上時，她有被忽略的感受，和我之間也像是有解不開的心結。我做的每件事、說的每句話，在她眼裡總是被錯誤解讀，在我眼裡，總以爲她是天生要和我作對的，所以經常鬥嘴。

信義從旁觀察，教我瞭解她的內心世界，並且先釋出善意，從而化解長久的敵意。我試著照他的方法去做，沒想到只是一點點善意，我就收穫無窮。一切都改變了，就像春風吹化了冰霜，現在她不但成了我孩子的乾媽，我們更成爲無話不談的親密好友。

我婚前曾擔憂未來丈夫不能接受我要繼續回饋六龜育幼院的決心，但信義用行動證明我是多慮了。信義不但辭了修大巴士技師的工作，全力幫助我，每逢週日，我們會一起到六龜做禮拜，也陪爸爸媽媽。過年時，將所有的時間投入育幼院，幫忙我現場義賣畫作，把畫好的作品裱框。我每次出外演講，義賣畫及書籍的所得，也全數回饋給六龜育幼院，信義甚至請主辦單位直接匯給育幼院，自己完全不經手。

我們是生命共同體，就像夥伴關係，表面上是我在台前享盡風光的一面，但若沒有他辛苦的在背後支持，我也上不了台。我出外演講時，他除了負責接送我，掌管工作及生活起居一切瑣事，還親手幫我製作power point檔，看過的人無不稱讚內容精采動人。他抱著貞德的身影，是我心裡的最大支柱，他不只是我的手，也是我的腦。

新好男人裝

在育幼院成長，我一度認爲六龜的生活就是我的一切，爲了讓我見見世面，他帶我去逛百貨公司，後來我變得超愛逛百貨公司的，他眞是悔不當初。

我以前在育幼院裡備受保護，一切生活都有人爲我打理得好好的，什麼都不必去煩惱。結婚後才發現什麼都要自己來，生活大不易！

我連米要自己花錢買都搞不清楚，跟信義說過的蠢話，至今還被他拿來當笑話：「米不是廟裡送來的嗎？還要用錢去買喔！」這下子又被他當成外星人了！

信義本來也不太會燒菜，但是他看著食譜學，還會看電視美食節目學。他常穿著他所謂的「新好男人裝」——T恤加上露出飛毛腿的肥大短褲，去市場買菜。我笑他這麼不修邊幅，一看就知道是死會，他卻逗我說那些歐巴桑都是他的粉絲，會圍著他，請教他燉煮牛肉的祕訣呢。說眞的，他的拿手菜紅酒煎牛排，味道眞不賴。

信義說：「現在最大的困擾是買菜時，那些歐巴桑還會拉著我，罵她兒子、媳婦，要他們以我們當榜樣。」

我有時和信義去買菜，我愛吃魚但不知魚價，問魚販：「一條多少錢？」魚販回答：「十六塊。」當場我訝異說：「哇！好便宜喔！」原來是十六塊一兩，被信義笑一點概念都沒有。

我們當初買下這棟位於屏東鄉下的小小透天厝，是沿著宛若綠色隧道的馬路、一根一根電線桿上「吉屋出售」的廣告找到的。九年房齡的房子賣一百二十萬，二十年的貸款，每個月只要繳幾千元。剛交屋的時候，什麼都沒有，沒水沒電，我們重新設計裝潢，把全部電源開關都設在地下，並且在所有的衣櫃門下挖個洞，便於我用腳勾住開關，我還要木工在櫃門後，再用一塊彈簧活動木片美化那個洞。爲了美化及改造這個家，我終於了解什麼叫「錢坑」，而信義對於我的決定，都大力支持，因爲他認爲我們的家，一定要讓我住得舒適、方便，所以讓我做主設計自己合適的家。

我喜歡分擔家事。我會把寄來的廣告DM拆了訂書針，把它折疊成小盒子，廢物利用放在餐桌上，當做丟棄菜渣的小盒，我還會幫忙收拾房間，折疊衣服。

信義非常儉樸，我們家的衣櫃，大部分都被我和小貞德占據了，信義只有一個櫃子，裡面還有部分是嬰兒的毛巾。他常說整棟房子只有這個櫃子與陽台，是他的空間。

我洗衣服時，把大人的衣服都丟在洗衣機裡，只有小貞德的衣服，我堅持都要自己用腳洗。她調皮好動，一天要換上好幾套，但看她穿著我親自洗乾淨的漂亮衣服，我心裡既滿足又驕傲。

自從生下小貞德後，我們收到了很多禮物，連陳總統也贈送育兒袋，各地方行政首長，和不管認不認識的國內外朋友，也都熱情的寄來一箱箱的禮物，其中有人寄來超大箱精美的嬰兒用品、衣服，並留下一張卡片。一年後，我在「聯合報」上看到那個名片上的名字，才知道那就是奇哥的董事長陶傳正，讓我感動萬分。有位做小飾品、漂亮髮夾的外銷工廠老闆蔡先生，還要我直接到廠裡去挑選。他除了讓我去挑給小貞德一箱，一連又寄了二、三十箱捐給育幼院的小孩。

甚至有一家「世大化成公司」，在媒體看到我用L枕餵母乳，想貼心的爲我量身訂製母乳專用枕，還送我昂貴的擁抱椅和打坐墊，方便我餵母乳用。大家的愛心讓我感動萬分。很多禮物如果用不到的，我都轉贈給需要的人，讓社會更溫暖。

小夜貓子

在當媽媽之前，我過度浪漫，不切實際，自己都像是個還沒長大的孩子；當了媽媽後，凡事爲孩子要做長遠計畫。我特別爲貞德設計了兩款牛角圖章，用貞德的一撮胎毛和臍帶，分別以壓克力封存在一方一圓挖空的牛角圖章中，相當有紀念意義。我還請工匠爲它打造了一個古色古香的精緻鏤空木盒，木盒上立體雕刻貞德名字，裡面寫著：「給貞德成年之禮，爸爸陳信義、媽媽楊恩典。」我希望未來，她成年後，能夠運用這些圖章爲自己置產理財時，會想到母親爲她設計的苦心。

我們住得偏遠，平常需靠手機與外界聯絡，有一次在車上，手機不慎掉落，只見不滿一歲的小貞德，立即反射動作似的快速撿起手機，放在我左肩及下巴間。爲了試探她，我故意又將手機掉落，她果然沒讓我們失望。那天女兒的貼心與可愛舉動，讓我整天都好窩心。

貞德現在一歲多了，她和我一樣，是個十足夜貓子。每晚我在夜深人靜作畫時，她都在旁玩耍，要快天亮時才肯睡。她從小就好動且調皮，半夜我常體力不支睡去，她會自己爬到我身旁，解開我的衣服，自己喝著奶睡著，而我呼呼大睡，常渾然不覺。

有一次在美國，信義要我打包行李準備回程，我答應他會整理好，一眨眼調皮的小貞德迅速把整理好的衣物散落一地，不知情的信義以爲我沒整理就不高興，而我啞巴吃黃連有苦說不出，內心眞不好受。就在那時候才一歲三個月的小貞德看我們起口角，突然緊抱住我，用小手拍著我的背安慰我。在旁的姊姊驚訝又感動的小聲告訴我說：「貞德好愛你，知道你受委屈了，她刹那間抱住的是你喔！」當時我好安慰，感動到眼淚都飆出來了，她又用小手擦拭我的眼淚。天啊！這雙小手是否又是上帝賜給我的另一雙手呢？

平日在家中吃飯，都是信義煮好營養均衡、菜色鮮美的餐點，他幫我夾好菜和飯，我們各據一盤，坐在沙發上吃。在外吃飯，因爲穿裙子抬腳吃飯不雅，一家三口吃館子，他得左右開弓，一邊餵我，一邊餵咿咿呀呀的小貞德，然後趁我們咀嚼的空檔，吞一口飯。他常說：爲了吃光我們的剩菜，都害得他體重飆升。

他希望訓練我在生活上、思想上都能獨立，他說如果有一天，即使他死了，我也可以靠著自己的力量獨立生活。他希望我隨著年齡成熟，找到自己的生活重心。不過婚後，他發現我像個小女人很依賴他，大概是小時候就賴慣了，小時候賴爸爸媽媽，現在賴定他，還加上小貞德，他的確是個辛苦的好爸爸。

我或許太浪漫了，一度還要他去刺青，把我的名字刺在身上，他說：「只有豬檢驗合格的時候，才要蓋章吧！」我說那是流行，愛意的表現，他可不要。我還開玩笑說：如果不能同生、也要同死，死的時候，還要先看到他喝下毒藥，我才喝，然後抱著他一起死。當我說這些傻話時，他總是笑得把眼睛變成兩道彎月，看著我，就像看著傻子一般。

他要照顧我一輩子

談戀愛時，我憧憬婚姻，他就和我說：「你要學著當人家太太，再去結婚。」結了婚，我想要小孩，他又跟我說：「你要先學著當媽媽，再生小孩。」

信義原本連自己都不會照顧，但他說從他踏上六龜育幼院之後，他的人生觀就改變了，連回家和他父母親講話的方式也都改變了。他本來很少和父母聊天，現在會用心傾聽他們在講什麼，看到許多沒有家的人，他也開始去做一些以前沒有做過的事，會盡力幫助別人。

在交往之初，他毫不掩飾地在我面前，把他最眞實的一面呈現，包括抽菸的壞習慣。後來還把過去和女友交往的物證，都交給我，讓我親自銷毀，把自己的手機用車輪輾過。他不避諱告訴我一切，讓我清楚知道過去都已如煙散去。

他也不在意我談我的過去，他說對照別人的例子，可以先預防出問題。從小他是在傳統家庭成長，思想較為保守，但他畢竟是平凡人，也會有覺得壓力大的時候，或是情緒無法調適的狀況。

在貞德才三個月的時候，范可欽帶著大隊人馬來家中拍攝「范范之輩」節目，那是我第一次也是唯一一次讓媒體進家拍攝，信義發了一頓大脾氣，碰了一鼻子灰的范大哥，事後卻對他豎起了大拇指，讚美他：「對嘛！他這樣才像眞正的男人。」

當時貞德需要每兩小時餵一次奶，我和工作人員都很投入在拍攝紀錄片的工作中。在水銀燈下，我不厭其煩地配合攝影機的作業，一會兒摺小孩衣服，一會兒作畫。因為很多媒體都曾要求來家中拍攝，我始終沒答應，主要是不想私人空間被打擾，答應了范大哥之後，就想僅此一次，讓他一次拍個夠。我還不斷地出主意，提醒他們拍這拍那。

拍攝工作不知不覺中進行了快六小時，信義在攝影師換鏡頭時，鐵青著臉走進來，突然對我說：「你知道她餓了多久、哭了多久嗎？你還是不是她的媽媽？如果等一下看不到我和寶寶，你就不要來找我們。」

我的笑容瞬間在臉上結霜，頭頂落下三條線，趕緊說：「我因爲很投入工作，真的忘了餵奶時間。」我渾然已忘了小貞德六個小時都沒有喝奶了。其間他爲了讓我安心錄影，小貞德哭了，他就把她哄睡。可是她睡了又哭醒，他心疼到已忍無可忍。聽完他的話後，我心中滿是歉疚和心疼。

看他發這麼大的脾氣，我的眼淚不聽使喚，像斷線珍珠般掉下來。工作人員也看傻了，不知情的范大哥走進房間來，說：「好了，可以拍了嗎？要錄影了。」

當下，他怒火中燒吼著：「你們還想拍什麼？你們還要拍什麼？可不可以一次說完。」旁邊的工作人員見狀不妙，立刻暗示范大哥，范大哥嗅出不對勁，很尷尬，很快就喊收工了。而我一面哭，一面向范大哥道歉。等氣氛緩和後，再把未完成的部分拍完。

事後，我也向信義道歉，自責不該忘了自己的責任，後來我和他溝通，當時應該怪我，不該遷怒無辜的工作人員，信義餘怒未消：「那些工作人員爲什麼聽到孩子嚎啕大哭，都沒有警覺孩子餓了呢？我原本想忍耐，讓你們早點拍完，後來愈想愈氣，氣你忘了母親的責任。」

我和信義檢討：「你處處爲人著想，不說出來，結果可能受到傷害的是我們的孩子。你發這脾氣，怪我是有道理的，不應怪別人，他們投入工作，根本沒注意此事。」

他說：「你要拍多少節目都沒關係，唯一的條件是，兩小時要給她喝奶。我什麼事都可以幫你，唯有餵孩子喝奶這件事，我沒辦法幫忙，一定要你來做，你不可以忘記做母親的責任啊！」

次日，范大哥打電話來關切，我連忙說：「不好意思，責任在我，是我不好，我忘了餵寶寶。」不過，范大哥卻說：「平常信義不生氣時，我們都以爲他沒有脾氣，親眼目睹他發飆，可以感受到他保護小孩的責任心，足以證明他比任何人都愛小貞德。」

信義是雙子座，喜歡挑戰性高的工作，在我父母面前誇下海口，要照顧我一輩子，這可能是他人生最高的挑戰之一吧。

「當你不爲自己活的時候，才是活著。」是信義的名言，他這樣說的時候，很多人覺得有點灰色，質疑他「是否太沒自我了」？

信義說他是看到爸爸、媽媽這麼大年紀，還老在想著要爲育幼院的孩子們做點事。看到他們用生命照顧沒有血緣的小孩，初時，他是抱著懷疑的態度，去觀察、研究他們究竟得到了什麼好處呢？但經由實地觀察，他被感動了，進而思考「我可不可能像他們一樣照顧那麼多人」？

他看到媽媽一身是病，還一直想著要去照顧別人，問媽媽：「你爲什麼有那麼多的愛？」

媽媽說：「我的愛來自上帝，我一個人的力量、耐心有限，有禱告就有能力支持我去愛。」

「交朋友、養小孩、傳福音」是爸爸的座右銘。在生活中，他實踐的就是愛與付出，朋友來看他，他總是掏出各種壓箱寶，不斷的給予，也難怪他的朋友上自總統，下至販夫走卒，都把他當做老朋友。

他老人家隨時助人，關注遭到家庭變故的小孩，以免成爲社會的問題與負擔。他傳福音到社會的每個角落，雖然他是牧師，但他對其他宗教的尊重，也讓更多人尊敬他。

信義看了爸爸媽媽一生照顧六百多個孩子的例子。他說：「我是個平凡的男人，以前連自己都不太會照顧，我也許沒有能力照顧上百個孩子，但我想若全心全力去照顧一個人，至少可以做到吧！我現在覺得上天給我的任務，就是要我照顧恩典，用她來彰顯社會的愛心，喚醒社會向善的力量。」也因爲他有這麼大的理想，使小小的我成爲直接的受益者了。

自從家庭成員加入了小貞德，生活開銷大了，我們仍然持續回饋六龜育幼院，很多人會爲我們的生活擔憂，但我們覺得幫助人是一件快樂的事。我們生活上所需要的，相信上帝會爲我們預備。

住透天厝，每天我都要爬樓梯上下多次，因嚴重骨質疏鬆，醫生一直警告我：不可爬樓梯，這樣會傷害我的關節，也爲了方便貞德將來上學的問題，我一直期盼能換個靠近市區的房子，有個較大的畫室讓我作畫。

信義說：「以後我們可以想辦法，憑著努力沒有難成之事。」我的命就像爸爸給我取的名字一樣好，常常會有人想要幫助我們，這些好意只能心領，我們希望能以自己的努力，贏得需要的一切。

我希望畫出更多更好的作品，讓人們樂意收藏，我們能夠自力更生，又能將自己生命的故事激勵更多的人，這是未來我們努力的目標。

現在常有學校或大企業邀請我去演講，主辦單位介紹我是「口足畫家」，並要小朋友或用口或用腳執筆做簡單的模擬，從中讓小朋友瞭解這麼做的不易。其實這對小朋友而言，太高難度了。

信義很愛看我用左腳給右腳穿襪子，我就要小朋友模仿這個。一宣布「表演得好就有獎品」，小朋友都舉手，爭相要上來表演，結果常常滿身大汗都穿不好。

有位小朋友問：「可不可以用嘴巴幫忙？」

我跟他說：「如果不嫌那有鹹魚味，你可以忍受，我不介意啊！」

在美國演講時，有個幼稚園小朋友看到我用腳做事，不知道我是超人還是外星人，還會問我：「那你怎麼睡覺啊？」

我就笑著說：「眼睛閉起來就睡啦！」

當幸福來敲門

白井典子（右一）應邀來台灣。

信義恩典全家赴美之旅。

姊夫Jim是小貞德的教父God Father。

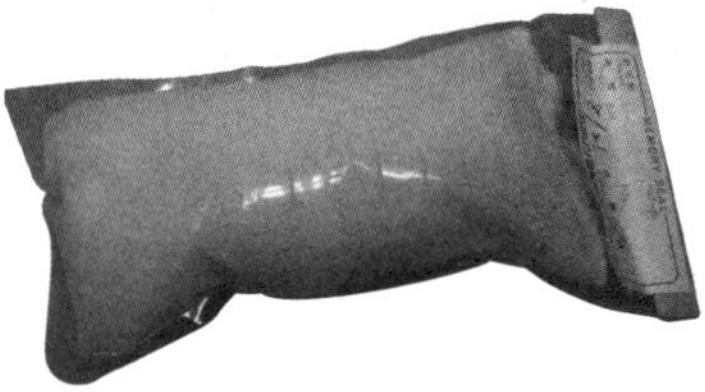

恩典捐贈的母乳。

蔣經國是我的幸運符

蔣經國三個字如同幸運符，
使我和六龜育幼院受到了社會人士很多的關注。
而第一次見識蔣經國三個字的神奇效果，
是在我三歲那年……

回顧這一生，蔣爺爺無意中來到六龜育幼院，這是上帝給的恩典中最大的一項。這個恩典不只是給我一個人，而且是給先後被育幼院收養的六百多個孩子。

在我三歲的時候，蔣爺爺第三度來六龜育幼院，由媽媽懷中抱過來沒有手臂的我，我看著他慈祥的笑容，炫耀著我的特徵：「蔣爺爺，我沒有手耶。」慈祥的他，充滿憐愛的說：「你還有腳，可以做很多事情。」這句話改變了我一生的命運，楊恩典成為媒體矚目的焦點，六龜育幼院也因為他在公眾場合一再的提到，而成爲揚名海內外的育幼院。

日理萬機的總統怎麼可能找到深山的六龜育幼院呢？當初是什麼吸引他來的呢？這件事在爸爸嘴裡又是一項神蹟。

爸爸當初以極低價向台糖標得了這塊名爲大苦苓的貧瘠山地，以教師和牧師兩份薪水要養活二十個收養的孩子，薪水沒有增加，但四方送來的孩子卻愈來愈多。原本有人建議他在報紙上刊登一則廣告募款，但他連三十元的廣告費都無力負擔。

爸爸提起蔣經國先生第一次來訪，是民國六十一（一九七二）年六月十七日，他還在擔任行政院長任內，爲了要考察原始森林有多少木材可製造火車枕木，特別到六龜附近的滳濃林區去勘察。

他站在山腰上舉目眺望，遠遠地望見群山翠谷中，萬綠叢中一點紅，有面青天白日滿地紅的國旗在山谷裡迎風飄揚。最初他以爲是一所學校，問了隨行的省主席謝東閔，得知是一位基督教牧師辦的山地育幼院，就特地下山來訪。當時他身邊的隨行官員都勸他山路很難走，請他打消，但是他說：「育幼院的人都能走，我當然也能走。」

蔣院長人還沒到，已有人先來向爸爸通報行政院長蔣經國來訪。爸爸當時還不敢相信有政府的高官會到這窮鄉僻壤巡視，直到看到了蔣院長的身影走上了年久失修的吊橋，才相信這是眞的。這座搖搖欲墜的吊橋，當時橋上的木頭都已腐壞，他走來驚險萬狀。

後來，多虧蔣院長修了吊橋，這座吊橋也在兩年後，成爲我來到育幼院的唯一通道。

這位神態輕鬆自若的貴客，還爲六龜山地育幼院帶來了光明與溫暖。

他看到一些男孩正在廣場打排球，就立刻下場陪著男孩打球，一點架子也沒有，讓原本緊張得不知所措的爸爸，也輕鬆了下來。他送給每個孩子一件禦寒的夾克，還改善了育幼院的電力設備。

他第二次來六龜育幼院，已經成爲中華民國總統。第三次是在民國六十五（一九七六）年的耶誕節次日來，他當時由媽媽懷中抱起剛學走路的我，使我一生爲之改變。

他協助我裝義肢，做脊椎矯正手術；協助在深山飽受交通不便的六龜育幼院童，造橋鋪路，改善了育幼院聯外的交通，使院童不需要再步行三小時翻山越嶺才能到鎮上上學。

蔣經國三個字如同幸運符，使我和六龜育幼院受到了社會人士很多關注。而第一次見識蔣經國三個字的神奇效果，是在我三歲那年。

從小我在育幼院被呵護長大，從不知被人欺負的滋味。三歲那年，因爲蔣爺爺的幫忙，我到台北振興復建中心裝義肢，住在台北一個育幼院員工的親戚家。那家的小男孩跟我年齡相仿，看到我沒有手，覺得很好奇，把我當做會彈的球。他把我推倒，我又自己站起來，這使他覺得更加有趣，於是他不斷重複把我推倒的動作，我受了驚嚇，大哭起來。

由台北回到院裡，我不斷的發燒，爸爸媽媽因爲我燒到四十一度，把我帶到醫院就診。抵達醫院的時候，正好碰到午休時間，雖然媽媽在急診室急得團團轉，但是護士都說醫生去吃飯了，根本沒有人理睬我們。媽媽她哭著求護士無效，甚至跪下來求她們，依然沒有人願意去幫她叫醫生，只叫她等一下，情急之下，她脫口說出：「這是蔣經國抱過的小孩，要是出了事，你們負責得起嗎？」這句話在醫院寂靜的午後，產生了神奇的效果。

霎時間，驚動了所有的護士，院長親自出馬召集了醫師來會診。爸爸完全沒有想到這句話的作用如此之大，瞪大了眼睛，看著媽媽、看著幾分鐘前，還推說「沒辦法找到醫生」的護士忙成一團、不知哪裡冒出來的好多名醫生圍在一起爲我看病。這一切，爸爸覺得又是一項神蹟。

不過這些對小小年紀的我，神奇的效果遠遠不及爸爸帶來的「叭餔」。我的燒退了，在醫院療養時，爸爸要去台北開會，臨走前，特別到醫院看我，問我：「你想要什麼，爸爸幫你買。」我想了一下，突然想到平常賣冰淇淋的老闆用的「叭餔」，我就說：「爸爸，我什麼都不要，我要『叭餔』。」爸爸聽不懂，哥哥忙在旁解釋那是什麼東西。爸爸有點爲難的說，他不知道到哪裡可以買，不過他會試試看能不能買到。

幾天後，爸爸由台北回來，眞的帶回來我要的「叭餔」。

我好開心，爸爸說：「你高興就好。」陪著爸爸去台北的大哥告訴我：「恩典，你知道爸爸有多愛你嗎？」他告訴我，爸爸在台北開完會，在街上聽到賣冰淇淋的「叭餔」聲，立刻拔腿狂奔，循聲追了好幾條巷子，才追上賣冰淇淋的三輪車。

老闆拿起冰淇淋杓子，問他要什麼口味的，爸爸氣喘吁吁的跟他說：「我要買『叭餔』。」老闆說：「我知道，你要什麼口味？」爸爸說：「我就是要買『叭餔』。」老闆都快翻臉了，爸爸告訴他，要買他手上那支發出「叭餔」聲音的球形體時，老闆簡直認為爸爸是瘋子，「這是我吃飯的傢伙，我不賣。」「不管多少錢，你賣給我，你再去買一支嘛。」爸爸後來是以高於市價三倍的價錢，買回來老闆手中那支黑色的「叭餔」。

那支「叭餔」成了我最愛的玩具，只要我一按，就會有好多小孩羨慕的看著我，走到哪裡，我都因為「叭餔」大受注意，那支「叭餔」使我神氣了好久。

蔣爺爺的來信

蔣爺爺六度來育幼院，每次都改善育幼院的設備。對於這個私人創設的育幼院，他的關懷與實質幫助，使得育幼院由原本非常克難的狀況，經由各方人士的協助，擴充規模，揚名海外。

有一次，當時任省主席的林洋港陪著蔣爺爺來，爸爸剛好去講道了，媽媽陪著他們繞了半天參觀。林洋港問媽媽有什麼需要，媽媽非常感激的說：「現在比以前好多了，住的地方也有門有窗了，吃的也有學校配給的柴米油鹽，我想不出有什麼需要了。」

林主席問：「你是哪裡人？」媽媽回答：「苗栗山胞泰雅族。」他點醒媽媽說：「你看一塊錢那麼大，總統看一塊錢比米還小，問你要什麼你就要，你不要，我們不是白來了？不是爲你要，是爲你那群孩子要。」媽想了半天，才說出：「現在男生女生住在一起很不便管理，希望能蓋棟男生宿舍。」於是林主席報告了，育幼院就迅速蓋了棟三層樓的男生宿舍。

蔣爺爺行事很低調，他蓋了樓，爸爸本要取名「仰經樓」，意即仰望經國先生之意。但他執意不肯，表示蓋樓是要院童有更好的居住環境，希望他們有美好的前程，不是要彰顯自己。爸爸請他題字，他於是取名「鵬程萬里樓」，並親自寫了匾額，由縣長送來。

當三層新樓蓋好時，我們都覺得好偉大、好漂亮，我更是羨慕，恨不得變成男生，可以住進男生宿舍。那時候我們常喜歡跑到新樓，爸爸也喜歡到那裡，可以遠眺四面環山的感覺眞好。

蔣爺爺每次都爲育幼院帶來很大的幫助，但他很謙卑。爸爸的行事作風很像他，待人謙卑，不求回報。我發現成功者都如是，他們付出努力獲致成功，而愈謙卑，愈能贏得人人尊敬。

蔣爺爺每次來，都指名找我，在我求學路上也不斷給我鼓勵與關懷。當我小學時學習書法不久，我寫了一幅「中華民國一定強」寄給他當做拜年禮物，獲得他很大的肯定。他在開中常會時曾經向大家報告說：今年他最開心也最安慰的兩件事：「第一：高屏地區長期乾旱，今年終於下雨了。第二：在偏遠山區裡，有一位沒有雙手的小女孩，能夠用腳寫出漂亮的毛筆字送給我。」他讚譽有加的說著，之後也使我成爲媒體爭相訪問及電視節目邀請的對象。

蔣爺爺細心且周到，在我小學畢業時還寫了一封信鼓勵我：

恩典小朋友：

記得多年前，我到六龜山地育幼院，那時你年僅三歲，雖然失去雙臂，但你聰明乖巧，令人憐愛。如今，知道你在六龜育幼院和龍興國小師長們的愛心教導下，歷經六年苦學，克服先天的障礙，終於完成國小學業，我心中感到無限的欣慰。

現在我給你寫信，一方面爲你國校畢業表達我由衷的祝賀，同時希望你能繼續努力充實自己，把你這種殘而不廢、堅毅自立的勇敢精神，作爲在艱苦中奮鬥的人們學習的榜樣，祝你健康快樂，學業進步並請代向全院老師及小朋友問候。

蔣經國　民國七十五年七月五日

沒有想到兩年後，當他還想第七度來育幼院訪問時，卻可惜已天不假年了。

我常想著人的生命是因爲人們對他的記憶而存在的，蔣爺爺在我們這些受他幫助、終身感懷的人的心目中，他的精神是永遠常在的。

這麼多年來，不僅很多名人大官隨著蔣經國的腳步而來，繼續關懷造訪六龜育幼院；育幼院的名氣甚至遠播海外，美國雷根總統就職大典時，也寄帖來邀請爸爸媽媽參加。

爸爸是大家口中的「楊牧師」，許多山胞眼裡的「山地孤兒之父」，同時也成爲蔣經國總統的民間十一個老朋友之一。每年我都會隨著爸爸去慈湖謁陵，遙祭我們終生感懷的蔣總統。

Love的記號

我出院時，身上帶著呈反L型的傷口，
隨著我成長，像是一個深深銘刻在我身上的「Love」的記號，
告訴我蔣爺爺對我的關愛。

這一生我動過多次手術，最痛苦的莫過於在國中做的矯正脊椎手術時，我的頭和腳都被打了洞，每天都被六十公斤的鐵沙包拉扯著，痛徹心肺，我像在親身體驗耶穌被釘十字架之苦。

因爲沒有雙臂，我長期用左腳處理事務，包括吃飯、寫字等，使我脊椎嚴重側彎，身體都歪一邊，右腳也有萎縮趨勢，體重與身高都不及同齡同學。醫生說我必須矯正脊椎骨，否則內臟會受到骨頭壓迫，而有更嚴重的問題出現。脊椎矯正手術需要龐大的醫藥費，這時蔣爺爺又伸出了援手。

手術通知單來的時候，是我十三歲國中開學後的第三天。我坐的桌子，是校長陳清泉特別爲我訂製的，他爲我把桌子腳鋸短了三分之二，便於我以腳翻書、寫字。但是剛上國中的我，很害羞，我穿著白襪子，套上了鞋子，就不好意思把腳抬到桌上來；學校則安排了一位育幼院的院童和我同班，就坐在我背後，每次上課時，她都會問我是否需要協助。

而這樣的日子才過了三天，我接到通知必須立刻趕到台北，住進了蔣夫人辦的振興復建中心住院檢查，準備動脊椎矯正手術。在進行正式手術之前，我必須先做牽引手術，把身體拉直。

我剪去心愛的長髮，理了個光頭。

在台北振興醫院接受治療，這個手術是在額頭和腦後前後打了四個洞，再戴上孫悟空式的鐵箍，固定頭部，上面再綁上三十公斤的沙包鉛塊，左右膝蓋各打兩個洞，各用一根鐵條貫穿，再各綁十五公斤的沙包，利用沙包的重量，靠著兩頭牽引，拉直我彎曲的脊椎。

由於我的頭太小，醫生特別爲我訂製鐵箍，使我的手術比預計延後，爲這個牽引術我要躺在冰冷的鐵床上三個月不能動彈，連上廁所都是在床上用便盆，翻身也靠護士小姐來幫忙，更不要說其他了。

那三個月是我一生最大的夢魘。

每天都在無盡的痛苦中折磨，由頭至腳牽引出來的痠痛，一點一滴深入骨髓，慢慢的滲透到我，使我全身都有說不出的疼，不只是腳，不只是頭，到現在提起來，我都還餘悸猶存。

我全身都不能動，只有眼珠可以轉動，連頭都不能動，蚊子的叮咬也不能去拍打、抓癢，有汗有淚都無法擦拭，只有任它像一條冰冷的小蛇般，慢慢爬過我的臉頰和痛楚的身體，那種孤獨與無助，是無法形容的。

我覺得自己像在體驗耶穌釘十字架，流血至死的痛苦。

那是六個人一間的病房，病房裡都是脊椎矯正的病人，她們都比我年紀大，我們一樣在痛苦中煎熬，所不同的是，她們都有父母和家人陪伴。雖然醫院規定家人不能陪過夜，但白天她們總是可以在家人的嘘寒問暖中，哭一哭、撒撒嬌，被疼一疼，而我呢？爸爸媽媽忙著育幼院的事，媽媽每個禮拜才能由六龜到台北來看我一次。大嫂常來看我，但是終究不及別人父母疼惜圍繞。

我每天在床上，只能瞪著天花板，我想著很多事，我想著我的親生父母如果知道我在受這樣的苦，他們會怎麼樣？他們會不會來看我？我常幻想著他們來看我的情況，但是每天來看我的，只有醫生和護士，我盼望的事始終沒有發生，我由失望轉爲絕望。

每天白天看著別的病人天倫相聚的情況，我淚往肚中流；每天晚上病房裡傳來其他病人的啜泣聲，我更感到孤獨與無助。這是可怕的酷刑，這裡不像病房，像是陰森的刑房，而我何時才能逃出這個陰森如地獄般的所在？

我盼著每個禮拜天可以看到媽媽的日子，媽媽撫摸我的溫熱手掌，疼惜我的眼神，就是我最大的安慰。我會向媽媽喊痛，和媽媽撒嬌，求媽媽不要走，多陪我。媽媽總是含著眼淚，不得不走。

在動手術之前，我先做了全身檢查，醫生查出我有兩顆蛀牙，要先拔掉。在拔牙時，我嚎啕大哭，護士小姐就笑我：「才拔兩顆牙，就哭成這樣，那你動大手術怎麼辦？」我倔強的說：「我現在哭，動大手術的時候，我才不會哭。」那位護士小姐看著我說：「眞的？那到時候，我一定要看你哭不哭？」

正式要動脊椎手術時，眞的，我反而不怕了！因爲經過三個月牽引手術的大刑伺候，動脊椎手術，對我來說，反而是個解脫，可以拿下那些跟了我三個月的刑具，我眞的覺得輕鬆好多。醫生甚至連痲藥都沒打，就把我膝蓋裡貫穿的鐵條抽出來，我嚇了一大跳，卻忘了喊疼。

我長高了！

動手術那一天，爸爸媽媽都來了，在推進手術房之前，爸爸推著病床，爲我禱告。我那時感覺特別窩心，感覺上帝眞的與我同在。

而有趣的是那位看我拔牙的護士，眞的特別調了班，來看我動手術，看我是不是眞能實現我說的大話。而爲了逞強，我眞的沒有哭。

這個全身痲醉的手術，由早上八點到下午三點多我才被推出來。我第一個感覺就是痛，全身難以言喻的痛，只想緊緊的咬緊牙關熬過去。我不能哭，我想到我哭，遠道而來爲我打氣的爸爸媽媽會感到難過，他們會爲我擔心，會認爲我無法克服這種苦難。

那個手術後的夜晚，我依舊是一個人睡，沒有了頭上腳上的六十公斤沙包，但身上插了點滴管、導尿管，我仍是在黑暗中和我的痛苦為伴。我一滴眼淚也沒有流，也沒有叫護士打任何止痛針或吃止痛藥，就這樣熬過了幾天幾夜我已記不得了，只記得夜好漫長。不過手術後的痛是可以靠意志力熬過去的，比起之前的那種酷刑折磨，已經不算什麼了。

因為臥床久了，腿部肌肉萎縮，我在醫院花了半年復健，重新學習走路。我每天利用半夜，沒有人在走廊的時候，穿戴著笨重的石膏，背部貼著牆壁學走路。就像小時候一樣，只是缺少了舊家牆隙那陣微風吹來的熟悉味道，取而代之的是醫院裡的消毒水味道，我好想家喔！

為了能早點出院回家，我每天半夜都會偷偷爬起來走好幾趟，在深夜裡像個幽靈似的，常嚇別的病人一跳，而即使摔跤我也不敢喊痛、不敢告訴別人。因為同病房的病人，有人即因開刀後，半夜要去上廁所，由床鋪上摔下來，有些摔斷了腿、摔裂了傷口，嚴重的還要重新開刀。醫生護士早就囑咐脊椎開刀病人不能輕舉妄動，幸而我摔傷的只是皮肉，沒有摔到腳。我很快的在一個禮拜內學會走路了。

見我復原得快，媽媽特別爲我向醫院請了假，回到育幼院過農曆年。我頂著小男生般的小平頭回到育幼院，大家都很熱情的歡迎我。我因爲這個手術把身體拉直拉長，高了十公分，大家都注意到我長高了，但我很害羞，覺得全世界的人都盯著我難看的小平頭看。在育幼院過完年後，我又回到醫院復健。

在醫院裡住了近一年，我努力想把自己的病床改造得有自己家的味道，我的床頭放著朋友送我的紙雕娃娃和一束緞帶紙花，讓我不太覺得自己是在住院，而像是在度假。

復健期主要是適應打在身上的石膏、學習洗澡和洗不到的部分如何處理，爲腳部進行水療。我的傷口呈反L型，脊椎裡有鋼釘，脖子下一條直直的長疤沿著脊椎，再延伸到左骨盆，醫生說如果我不適應，二十歲時可以把鋼釘取出來，但不能大幅度彎曲。我常想幸而那個年齡去承受這個手術，如果要我現在承受，我可能無法承擔，包括剃光頭。

而在這時，我也遇到了一位朋友，是位心理醫師，他帶領我走出心理的障礙。

這段時間是我思索個人身世最多的時候，因爲至痛，使我想到至親。其實在這之前，爸爸媽媽從不隱瞞我的身世，視我如己出，甚至更疼愛我，使我明知他們並非親生父母，卻在心理上，不肯接受他們不是我親生父母的事實。我一直告訴別人，他們就是我的父母，我也不接受我是被遺棄的事實。藉著這樣的自我保護，我嬌縱，有時甚至有點霸道，無非是想測試他們對我的愛。而在這樣的痛苦煎熬中，我卻認清了這些事實，也終於知道感激這份難得的愛。

自一九八六年九月住院，到一九八八年出院，在一年多的時間中，我經歷了一生中的最痛，但沒有想到在一月十三日又傳來了蔣爺爺去世的噩耗，報社記者都蜂擁來訪。我在哀慟中，根本不知道要說什麼好，除了難過還有什麼可說的。我的沈默不語，使醫院的醫生護士甚至同病房的病友都遭了殃，被記者纏著問我的一舉一動。他們用側寫的方式，訴說著我無言的哀傷，有人說我哭了一夜，眼淚沾濕了好幾個枕頭，還有記者寫我早上眼眶還紅的，頻頻用「手」拭淚。

我當時很難過，只想用筆寫下「蔣爺爺，我永遠愛您」，但是脊椎植入的鋼釘鬆動，我彎腰或寫字都會引起劇痛，醫生不准我動筆。到了二十七日，我還是用腳寫下了輓詞，大意如下：

蔣爺爺安息！

蔣爺爺天天忙天下大事，還能記得小小的我，今驚聞您老人家歸天家，我慟哭、我想念，同伴說，你要再哭會瞎眼，願蔣爺爺在天堂安息，並祝福中華民國以三民主義，統一富強，我心感永難忘。

六龜山地育幼院無手孤兒　楊恩典　泣輓

我出院時，身上帶著呈反L型的傷口，隨著我成長，像是一個深深銘刻在我身上的「Love」的記號，告訴我蔣爺爺對我的關愛。育幼院的客廳掛著蔣爺爺的照片，每年他的忌日，我們都會爲他舉辦追思禮拜，這位平凡的偉人，我永遠懷念他。

打開心門

他是位心理醫生，有天他問我：「為什麼見我就躲？」
我因為自己的失態不好意思笑著說：
「精神有病的人才會和你聊天，我又沒有病！」
他糾正我的觀念，「沒有病也可以和我聊天啊，你可以把我當朋友嗎？」

義肢對一般肢障者除了美觀，還有些許附加功能，但對於天生無臂的我，改變的只是外表。在經國先生的幫助下，我兩度裝上義肢，外表上似乎與常人接近，但是我卻等於扛著一副「甜蜜的負擔」，更加辛苦的活著。

直到那年韓國的口足畫家來訪，哥哥姊姊看到她不裝義肢，用腳以跆拳道的猛勁在畫板上揮灑油彩，那份自在，令他們勸我擺脫累贅。其實我也早有這個想法，尤其是想到典子當初也都沒有戴義肢。

國中畢業後，我決心脫下義肢，接受自己。我沒有手臂，我就是楊恩典，我有萬能的雙腳，我會別人所不會的，並珍惜擁有的部分。

國中時，有佈道會來到鎮上，很多病人去祈求神蹟，把他們的病醫好。很多人都鼓勵我上台，可是那時我想了很多，我想：即使我求到了雙臂又如何？我也不過就是和凡人一樣，而我這種情況可能比求到還好，爲何不把自己交託給上帝，相信祂所預備的，是最適合我的人生道路。

我好像有了選擇，可以選擇成爲平凡人，也可以選擇就維持這樣的自我。我選擇了自我。那一刻，我覺得我眞正接受了自己。

我知道這輩子都不可能擁有雙臂，我曾想像如果我有雙臂，我會很想彈鋼琴、跳舞，甚至只是默默當個白衣天使幫助人，但是我知道這一切都只能想像了。

青少年時期，有一半的時間都用來矯正治療我肢體障礙問題。在振興醫院進行矯正手術時，正是我對親生父母由最期盼，轉到最失望、絕望的地步。而在這時，我遇到了一位朋友，他帶領我走出我心理的障礙。

他是位心理醫生，他很愛跟我講話，我卻老躲著他，他有天問我：「爲什麼見我就躲？」我因爲自己的失態不好意思笑著說：「因爲你是心理醫師，精神有病的人才會和你聊天，我又沒有病。」

他糾正我的觀念，「沒有病也可以和我聊天啊，你可以把我當朋友嗎？」他表現得這麼友善、誠懇，慢慢的我願意和他溝通了。以前，我不願和別人談到我的生母，因爲我對她完全不清楚。我不知道她是怎樣的人，我不知道她是誰，我無法想像她的模樣，我不清楚她爲什麼拋棄我，究竟是因爲我的缺陷，還是因爲生活的因素？

他問我：「你恨你的親生父母嗎？」

我老實的回答：「多多少少有埋怨吧，我人在病痛受苦時，他們在哪裡？」外科病房規定家人不能陪住，同病房病人的父母即使不能二十四小時照顧，至少也在白天很細心的照顧。媽媽平日忙著照顧育幼院的小孩，來台北看我的時間有限，我心裡難過時，向誰講？我的親生父母他們在哪裡？他們到底關不關心我？

我多麼期待他們能夠突然現身來看我。在我痛苦時，我並不期待他們來照顧我，我只希望他們出面一下，不必認我，只要讓我知道他們就好了。我一直期待他們來，可是一直到最後，他們卻並沒有出現。

那位心理醫生問我：「如果現在他們出現，你會相認嗎？」我和他聊天，都是在醫院裡的假山旁，一面用麵包屑餵著不斷張合著嘴巴的錦鯉。我和魚兒一樣，張著嘴卻沒有答案，只覺得心頭苦苦的。他要我設身處地為他們著想，也許當初遺棄我必有不得已的苦衷。

有種鳥在孵出小鳥時，會把不健康的小鳥推出鳥巢，讓剩下的小鳥可以獲得較好的照顧；還聽說過老鼠剛生下一窩小老鼠時，會把體型比較瘦小的小老鼠吃掉，讓別的小老鼠，有更好的生存條件。我設想親生父母可能因為家中還有很多孩子，養不起我這樣有缺陷的孩子、或是根本沒有結婚，無法見容於社會，在種種不得已之下才會遺棄我吧。做為一個悲劇的犧牲品，我能怎樣看待他們呢？

他或她把我放在菜市場的肉攤上，正是人來人往的地方，而且據說當初包我的衣物中，還放了一千元的鈔票，至少可見他們還是希望這條小生命有存活的機會，他們畢竟還是對我有愛的吧？

我慢慢發現和他在談話中，心情歸於平靜，我開始很喜歡和他講話。和他談過後，很多事情好像有了答案，很多原本迴避的問題，現在已經可以面對。如今我在任何場合對自己的身世，都可以侃侃而談，以平常心坦然看待。

這些可說都是得力於和他那時的談話，而我從前認爲「只有精神病才和心理醫生談話」的錯誤觀念，也從此改變。

我會正面思考自己的身世，如果留在親生父母身邊，可能我整個人生變了，可能無法得到這麼多關愛，也會錯過現在這麼一對有愛心的父母，無法得到育幼院的栽培，想學什麼就學什麼。也許我失去的是親生父母，但我得到了更多，這是上帝的旨意吧，我已經對這樣人生的不圓滿釋懷了。

有一天我和親生父母碰面，我一定會相認，血緣關係是斷不了的，因爲沒有相處，大概不會有特別深的感情。但我一定會讓他們知道，如果沒有上帝，沒有這麼有愛心的一對夫婦帶我成長，我不會坦然接納他們。我會告訴他們我會有這麼大的轉變，這麼平衡的心理，不以恨去面對、去責怪自己的父母，是因爲六龜的爸媽給我最豐富的愛，從小教我要用基督的愛包容人生不圓滿之處。

多年來，育幼院常有機會撿到棄嬰，我會特別覺得同病相憐，看到他們會想到我當初的情況，我會特別去關心他們，而且很希望多學些心理輔導，能夠像當初幫助過我的那位心理醫生，也醫療他們小小心靈難以言喻的創傷。畢竟他們能來到六龜育幼院這個環境，是他們的福氣。我知道在這環境長大的小孩，絕對不會變壞，看我就是一個例子。

當初那位在菜市場撿到我的里長女兒和家人，曾一起來育幼院看我，我都已經二十多歲了，里長伯說：「如果不是我女兒，你早就沒了。」而我不好意思的只是笑，因爲想到家人都在旁邊，我很怕他們誤會，以爲我很想回到原生家庭，所以除了說些感謝的話，實在不知該說什麼。

其實我的家人從不隱諱此事，二哥告訴我他曾開車到以前我被拾獲的菜市場去查看，但是景物已改，人事已非，他還問我想不想去看看，他願意帶我去看，我告訴他：「沒有特別的必要，也不會想去，因爲我早就找到我的家和家人了。而且人生的路是要自己走，自己努力去完成要做的事。」

凡人常爲自己沒有的東西而煩惱，卻不知珍惜自己所擁有的。如果上帝不給予，不是上帝的錯，是因爲要教人們珍惜現有的。

無臂典子摺紙鶴的啓發

真愛無敵，結了婚典子才發現，
只要夫妻肯用心經營婚姻，
沒有什麼克服不了的難題。

我和白井典子都沒有手，但是每次遇到她，我覺得我們都在用心靈擁抱對方。

一九八二年底，當我國小二年級時，十九歲的日本無臂少女典子飄洋過海，給素昧平生的我莫大的鼓勵，讓我對於萬能的雙腳產生很大的信心，而肯更用心的學習。十七年後，再相聚，她以本身爲例，鼓勵我，像我這樣也可以結婚生子。

在見到典子前，我以爲這世界上只有我是天生沒有手臂的。典子是因爲她母親在懷孕期間，服用了「沙利竇邁度」（Thalidomide）鎮靜劑，使她成爲無臂畸形兒，在日本同時有三百零九位這樣的畸形兒，但她練習以雙腳克服無手的障礙。

典子有位偉大的母親，在母親的一路鼓勵與陪伴下，完成了專科教育，並以優異成績考入熊本市政府擔任社會服務的工作，她的卓越精神表現，日本電影界人士還以她的奮鬥歷程，拍成社教電影。

她來看我時，後面跟了一大堆記者，我很害羞，只會看著她傻笑。我很喜歡這位氣質很好的大姊姊，她當場用腳爲我摺了一隻紙鶴和紙娃娃，對我來說眞是太神奇了。她是應屏東國際扶輪社長李慶樑醫師之邀來台，他邀典子來，主要是希望以她的奮鬥歷程，供我借鏡。

她母親陪著她到育幼院，到了吃飯時，剛開始她有些害羞，由她的媽媽餵她，當她看到我用腳拿湯匙吃飯，她也決定自己吃飯。我們一起用腳舉匙吃飯，兩人相視而笑，雖然言語不通，我覺得心中有股暖流通過。

當時，典子除正常上班外，還要四處演講，從事各項促進社會福利工作，她透過翻譯，告訴我她目前的工作情形，並勉勵我好好唸書，將來爲殘障福利工作奉獻心力。

典子說她可以用腳打電話、操作電腦、用腳開汽車（豐田汽車專爲上肢殘障者製造的）。那時，我原本只會用腳洗臉、刷牙、寫字，而在她來後，我覺得自己對於萬能雙腳的想像空間擴大了，我相信只要肯學都能學會。

以後我凡事總以典子爲榜樣，開始努力學習。不但學著用腳包餃子、磨豆沙，還想包粽子。甚至想到有一天也許可以像典子一樣生兒育女，擁有自己的家庭生活。受了典子的啓發與鼓勵，我主動向爸爸要求，向他的好朋友王壽檀伯伯學書法。

不過他要我在報紙上沾水寫了好幾天無字天書，我開始不耐煩了，央求他「至少讓我沾墨汁寫一下」。他答應我沾墨汁寫字，但是墨汁要自己磨三百下，令我不解：「明明有現成的墨汁可用，爲何要自己磨？」王伯伯告訴我說：「學書法要定下心，才能寫出漂亮的字。」

以腳夾筆鋒柔軟的毛筆寫字，要特別注意運筆力道、筆與紙面的距離，練毛筆字讓我吃盡苦頭，學不多久，我就開始蹺課，有一次我向王伯伯謊稱頭痛，王伯伯關心地說：「這麼小就頭痛，你回去休息吧。」

我以爲神不知鬼不覺，和玩伴去玩個痛快，到下課時間才回家，不料一回家，就看到媽媽的臉色不對，原來是王伯伯來關懷我的病情，謊言立刻穿梆。媽媽對我從不體罰，那次很嚴厲的責備我：「別人以後可以去工廠上班工作，可以去賣勞力，去挑磚搬水泥，你不能啊，能做的東西很有限，能學就要盡量學，不可以不專心找任何理由蹺課。」

那天媽媽第一次把我關在門外不理我，這對我是最嚴厲的處罰。

因爲從小我就跟媽媽睡同張床，那像是種備受寵愛的特權。每天早上，媽媽幫我把臉盆、嗽口杯、牙膏、牙刷放在門口，搬兩張小凳子，我們一起坐著用腳洗臉、刷牙；她還示範給我看怎樣用腳擰乾毛巾；冬天的時候，她會把熱水加在臉盆裡，洗著熱呼呼的毛巾，就像被溫熱的手掌撫摸著臉龐一樣舒服。

我感覺到媽媽眞的生氣了，不要我了，我傷心又害怕，一直在門外哭求媽媽，但是媽媽硬是不開門，我哭著哭著，就在門口地上睡著了。

第二天醒來，我已經被抱到床上，聽說我在門外哭，媽媽隔著一扇門也傷心的哭了。爲了怕媽媽難過，從此我發憤學書法，那年我十一歲，得到六龜學區書法比賽的初小級冠軍，教育部頒給全國殘障兒童優良獎。隔年，我又獲得全鄉第一名，並獲全縣特別獎。

我長大後，第一次出國就是到典子的故鄉——日本。一九九四年我應日本教會之邀，到一座教會舉行演講及展出作品。七天的訪日，對我這個從沒出過國的土包子而言充滿新奇。入夜後，東京各小酒館華燈初上，我卻苦不堪言，因爲每次要跪坐上半天，但可以吃到又大又鮮嫩的烏魚子，喔伊西（日文「好吃」之意），讓我難忘。

陪我來的媽媽，看到了旅居日本許久不見的三哥、三嫂，高興得紅了眼眶，直用手擦眼淚。日本之行，最大的收穫是拜會了日本出名的口畫家星野富弘先生的個人博物館，還見到了難得一見的星野富弘先生。

他原是位日本出名的運動員，長得又高又壯，即使坐在輪椅上，都比我站著高。他因爲一次單槓的意外，頸椎受傷，全身癱瘓，脖子以下全都不能動，只有頭部能動，他利用口啣畫筆作畫。他的水彩畫很生動，主要畫風景、靜物。

我最感動的是他嬌小的太太，他每次出來都是由她背著。她是在星野富弘出事後才認識星野的，星野說起要結婚時，他向女友說：「我沒有錢可以買戒指送你。」她卻指著一幅畫表示：「我只要這幅畫就好了。」

那幅畫就是他畫的「愛的淚珠」，紫色的花上有著晶瑩的水珠，他得意的對我說：「我就是憑這一幅畫娶到太太的。」他送了我兩張複製畫和「愛的淚珠」卡片，讓我難忘那份苦難中相依的眞情。

我對日本印象最深的是看東京的小吃店竟沒桌椅，大家就站著吃，對我不僅是不便，而且是難忘的奇景。而最大的遺憾是卻未能見到典子，所幸後來暌違的典子又到了台灣。三十六歲已婚成爲人母的典子，二度造訪六龜育幼院，她和我一路由台北飛到高雄，透過翻譯，暢談婚姻路上的奮鬥，也帶給我很大啓示。

典子嫁給了一名正常人，生了一個健康活潑的小孩，成爲典型的職業婦女。我問她婚後最大的困難是什麼？她告訴我：「用心經營婚姻。」

她說：「絕對不要成爲對方的負擔。」她不但自己育兒、做家事，工作上也非常努力。

她和相愛多年的男友結婚時，一度以爲一定會受到對方家族很大的壓力，不過眞愛無敵，後來才發現之前擔心的事，都屬多餘，只要夫妻都肯用心經營婚姻，沒有什麼克服不了的難題。

我原本對婚姻有些恐懼，因爲不少朋友在談戀愛時，恩愛甜蜜令人稱羨，但是婚後卻打打鬧鬧，反目成仇。因此儘管多年來，接觸過不少勇敢的追求者，但一旦展開進一步交往時，往往要考慮彼此信仰、理念是否相合？尤其在面對男方家庭反對的壓力下，我常認爲自己只有談戀愛的分，沒有結婚的可能。

但典子她鼓勵我用平常心去面對困難，克服困難。這次難得的相聚，使我和她心靈的擁抱更加密切。當時我計畫結婚時，一定不要成爲對方的負擔，必須能在家計上幫助對方，也希望未來的另一半能夠接受我和育幼院的深厚關係，並且能支持我回饋六龜育幼院，以及繼續我的藝術生涯。

遇到信義，正好完全吻合這些條件。

拜觀音的手，揮舞藤條

她是在媽媽以外，
第一個以身示範教導我的人，
也是我這一輩子最感謝的人之一。

不管在育幼院或是在學校，我總是享盡了別人的照顧，而謝玉美姊姊是眞正教我獨立的人，她是第一個，也是唯一對我體罰過的人。

她當時剛由國立藝專畢業，和五個同學一起來爲育幼院鑄造耶穌像。這座耶穌牧羊的巨大水泥塑像，一度曾是育幼院的地標，但年久失修後來毀壞了。

她在育幼院住了一個月，耶穌像鑄好後，她發現院內人手嚴重不足，四五個老師竟然要照顧上百名院童，再加上適逢雨季，院童們一個個傳染了感冒。她不忍心離去，就留下來義務幫忙照顧院童，雨季過後，她留下來擔任院童的課後輔導老師。

她是位虔誠的佛教徒，很樸素，陽光和笑容就是她最好的化妝品，梳著兩條烏亮的辮子，黑黝黝的臉上，襯著一雙大眼睛格外明亮，看起來活力十足。她滿腹理想抱負，要把自己的愛心貢獻給育幼院的小孩們。當時的我，正在院內的幼稚園上學，由於媽媽的寵愛，我像小公主般的被大家捧在手掌心，但也嬌縱難以管束。

謝姊姊為了改善原住民院童到了四、五年級還不會用注音拼音、連字典都不太會查，特別每天在教堂教幼稚園正音班。別的小孩都乖乖聽課，唯有我大剌剌地坐在桌子上，喝著自己的飲料，全然不理會老師在唸什麼碗糕。

我一向位子就高人一等，人坐椅子，我坐桌上，因為坐在桌上，我才能動腳寫字。坐法已經特殊，而態度更是任性，謝姊姊再三告誡我：「恩典，要聽話，跟著大家一起學。我在課堂上就不是謝姊姊，是謝老師了。」我依然故我，幾番告誡後，沒想到她臉上的酒窩不見了，竟然衝下台來修理我，她的手掌一下接一下地打在我屁股上。我從未挨過打，當下大聲哭喊「媽媽」。她卻毫不心軟，還一面教訓我：「叫媽媽也沒用，她來我也照樣處罰你。」

從此，我知道謝姊姊不是好惹的，有她在的時候，我就像老鼠見了貓似的乖順。我也有著老鼠見貓的機靈，看到她出現，我能閃就閃，不過她並沒有就此放過我。

她持續觀察了我幾年，看到我上了小學，還成天賴在媽媽身旁。媽媽凡事也總順我慣我，幫我做好。爲了訓練我的獨立，她向媽媽要求我和另兩個比我大的同學一起接受她的特別輔導。跟她住在一起生活，我萬分不願，不過媽媽聽別的老師也向她反應過我很難管束，就同意我跟謝姊姊睡，我不依也沒輒。

和謝姊姊住的日子，就等於宣布和我以前那些快樂的好日子告別了。

生活教育

出身台南農家的她，每天早上四五點就起床幫忙準備院童的早餐，泡好我的牛奶，就開始等我們起床。我們都很愛賴床，學校距離育幼院要走四、五十分鐘的路程，她每天用摩托車載我上下學。如果我賴床，她會罰我和其他同學一起走路，不過每次走到一半，她就會不忍心地騎著機車來載我。

放學後，眼看著別的孩子快樂去玩耍，我卻只能回家乖乖的看書做功課。人坐書前，聽著別的孩子們的嬉笑聲，眼睛盯著窗外玩伴的身影，萬分羨慕，奈何身不由己。

她還規定我每天寫日記，每篇日記還要附上一幅插畫。記得第一次我寫下院裡養的大黃牛被雷打死的事，她直誇我寫得生動，所以我也不太討厭寫日記，但哪裡會天天發生雷劈大黃牛這種令人震撼的事呢？於是寫日記，變成我想像力馳騁的天空。

她對我非常嚴厲，這輩子沒有人打過我，而只要不能達到她的要求，另外兩個同學會被打手心，我的小腿則被她用細藤條打得一條條紅紅的。我不敢讓媽媽知道，一方面不願意讓媽媽知道我不乖，一方面也怕媽媽知道會難過、生氣，然後去責備老師。於是平常愛穿裙子的我，會刻意穿上長褲來掩飾。

這是我一輩子沒有受過的處罰。那時對我來說，肉體的懲罰還是小事，但是心理上似乎是更嚴重的傷害。

她處罰我的原因，除了未達她定的分數標準，還有下課未寫作業就先去玩。我小時候很貪玩，即使玩沙玩土也好，就是不要坐在桌前唸書。人家花一倍時間看書，她要我花兩三倍時間，一天到晚考試考試。那時我認爲她很偏心，那兩個同學只要及格就可以去玩，我對她說：「我已經及格了。」她說：「不要跟我說及格，你的智商不比別人差，爲什麼不考九十分？將來出社會，別人可以做的事，你不見得能做，你一定要靠頭腦。」她說的也有道理，我沒話說，只好埋頭用功。

而我考到九十幾分，她又會說爲什麼不考到一百分？考了一百分，她卻還不滿意，問我：「爲什麼字寫得不漂亮？」她的要求似乎永無止境，而且要盡善盡美。

我感受到很大的壓力，好像不考第一名，就對不起她似的。我厭煩這種生活，放學後哪裡也不能去。我不喜歡受約束，也沒興趣追求第一，但爲了達到她的要求卻不得不勉強自己。

她每天爲我們準備了各種小考，只要達不到她的要求，她就開打，她爲我打出了很多張獎狀，打成了前三名，但同時也打得我幾乎對課本失去了興趣，我和同學說：「不要叫我名字，叫我『烤鴨』。」

在生活教育上，她也是一絲不苟，有天晚上坐在院裡講故事，她望著天空上的星星告訴我們，「每個人都有位天使在天上守護著你，看到你做壞事，就會爲你難過、掉眼淚，會在爲你專門寫的簿子上打上『×』；如果看到你做好事，就會爲你打個『○』。」我聽她說的時候，彷彿就看見天使正在看我，爲了那本簿子上不要被打「×」，我開始拚命的認眞學習，認眞的考一百分，讓天使爲我打上很多「○」。

她很會畫畫，每年聖誕節，她利用現成的材料，讓簡陋的教堂看起來簡直就像精美的聖誕卡片一樣美侖美奐。

母親節時，她還會爲我們設計服裝、設計音樂劇。有一回她設計了一齣音樂歌舞劇，她用很多電影主題曲，包括「荒野大鏢客」在內，剪輯成一捲音樂帶，音樂劇命名爲「公主奇遇記」。

她在排練時，要我們發揮想像力，自己設計對白和動作。她用別人送給院裡的白布，裁製成公主的禮服，又做了美麗的花環戴在我頭上。一向愛漂亮的我，能演出公主的角色，開心得不得了。不過後來由於演英雄的男生太會搶戲了，他在救我的時候，又翻觔斗又自創打鬥招式，大家都被他迷得團團轉，都說劇名要改名叫「英雄救美記」。

她讓我們把畫畫當遊戲，運用方法啓蒙我們。她會點燃拜拜的香，讓我們在紙上點出我們喜歡的圖案，這叫做「點畫」。她給我們水彩，利用葉子做葉拓、壓花。她喜歡畫我們，一畫就畫很久，都不能動，我們都視此爲苦差，在別人被畫時，就會在旁取笑，做鬼臉。

她的生活化教育，使我國小時，國文、作文、音樂、美術都得到最高分。

她是位虔誠的佛教徒，偶爾也會去參加院內的教堂做禮拜，去聽講道，但她仍堅持自己的信仰。她把一尊瓷觀音像放在房中，每晚在我們睡覺時，她都在小聲的唸經。我常偷偷地觀察她，發現她常在我們睡了以後，來爲我們蓋被子。

我去找媽媽，她會阻止我，「沒事不要找媽媽，媽媽很忙。」不過一個禮拜裡，她總會准我回去和媽媽住個一兩天，而我總在這時候乘機告密。

「媽媽，她每天都會拜觀音喔，還會低低的唸經，我都聽不懂她在唸什麼。」媽媽不理我，換我繼續唸經，「媽媽，我不要跟她住，我要回來跟你住，她每天都會考試，而且還會打人。」媽媽偏都不以爲意，反而點點頭，要我「忍耐」，我當時實在很希望她會因爲什麼因素而離開，至少不要再教我。

後來，她眞的因爲家裡有事離開了育幼院，上帝可能聽到我的禱告了吧！

她走後，我開心得不得了，功課卻一落千丈，一方面是由壓力下解放，一方面是我快對上學失去興趣了。院裡的老師看到我功課退步，就有人說：「謝老師還在這裡的話，你就不會這樣了，她在的時候，你的功課都在前三名。」

和她有七八年不見，在我國中畢業後，去台北學畫時，卻又重逢了。那時正逢我的青春叛逆期，這次她有了很大的轉變，對我人生而言，也是個重要的轉捩點。

當時她正好因爲車禍傷及腦部，暫停了在鶯歌陶瓷廠的畫畫工作，在家休養。她主動來找我，其實並非偶然，原來是大嫂遇到她，談起我的近況。大嫂很爲我的青春叛逆頭疼，謝老師很關心我，知道這種情形就自動請纓，再次接管我的生活，要我搬去和她住一段時間。

她居然會笑了

她以前是很嚴酷的老師，現在時時掛著笑容，成了溫柔的大姊姊。歲月爲她臉上添了些許風霜，她依舊非常樸素，穿著十年前我就看過的衣服，頭上因爲受傷，怕吹風而戴著帽子。她和我談起很多往事，問我是否能理解以前種種嚴苛的要求，目的是在訓練我獨立。

「謝姊姊，你不用解釋，我可以理解你都是爲了我好。」

她問我：「你有沒有想過將來怎麼辦？生活上能不能自己處理？」

「生活上大部分是大嫂幫忙，能自己做的，我會盡量自己做。」

「你能自己做到什麼程度？」

「我可以自己刷牙、洗臉，做一些簡單的事。」

「上廁所呢？洗澡呢？」

「我很難自己做。」

「你有沒有想過要自己做呢？」

「想過，但是很難。」

她語重心長的告訴我：「你有沒有想過很多事如果自己做的話，可以不要倚賴那麼多人，你心裡會好過點，不用欠那麼多人情，可以多一點空間。」

「對。」

「你想不想學？」

「想。」

「那你要不要跟我住？」

想到以前跟她住的「烤鴨」經驗，我立刻毫不猶豫的回答：「不要，我習慣一個人住。」

不過她並不放棄說服我：「你跟我住，我會給你一個房間，可以自己活動，聽音樂，都很自由。」她說跟我分手後，她常爲我擔心，常在想我未來怎麼辦。

「我倒不擔心其他兩個女孩，我在之前就沒要求她們那麼多。」

「對啊，我覺得你好偏心，她們只要及格，你就放過她們；而我考及格不夠，考九十分不夠，考到滿分，你才滿意。」我不放棄機會，乘機一吐胸中塊壘。

「那是因爲我爲你想到很多，那時候我想到你將來一定得靠頭腦，否則是無法和別人競爭的，因此才會那樣逼你。」

看她情意懇切，我也不禁動搖了，我這麼大了，當然不會再擔心她會修理我，再加上她溫言軟語，與以前對我不苟言笑的嚴酷作風完全不同，令我很難辜負她的一番好意。

住在世外桃源

我搬去鶯歌，和她住在一棟公寓裡，我住的和式房間，和佛堂只用一扇木拉門隔開，我第一次這麼靠近一個異教的供奉佛堂。那座儉樸的佛堂，供桌上只供奉了一尊觀音像，旁邊的淨瓶中插了柳枝，不像一般佛堂終日香火繚繞，只有早晚她在禮佛時，低低誦唸著經文。這裡相當的清幽，對我這種熱鬧慣了的人簡直是太清靜了。

我和她說：「我不是排斥，只是覺得怪怪的。」

「你不要想那麼多，不習慣就把門拉起來好了。」

她生活儉樸、刻苦，桌椅家具都自己做。牆壁未經粉刷，只塗了一層平滑的水泥。牆壁呈現灰色水泥的原色，和一般的住家截然不同。

「爲什麼房子牆壁是這樣？」

「這樣比較有刻苦的感覺，有工作室的樣子。」

我瞭解她簡樸的個性，也不以爲意，反而很欣賞這樣的特殊風格。可是，天啊！沒有電視、沒有電話，這是與世隔絕的世外桃源嗎？好在她還讓我保有了自己的音響，我可以聽音樂，否則這種苦行僧似的生活，我眞的會過不慣。

她要我和她住，主要就是要教導我如何自立生活，如何處理自己的衛浴、生理期等問題，而她教導的方式非常讓我感動。

她設身處地的爲我親身示範，例如在洗澡時，她會把手背放在後面，假想她是我，然後設想如何用身體、用腳來完成洗澡、脫褲如廁。

她教我洗澡時，在浴缸固定綁一塊海棉，我可以在海棉上塗了肥皀後，在上面用身體磨擦，就可以自己洗澡了。

這是我第一次看到一個成年女子如此毫無保留地裸裎，她沒法像我一樣靈活地運用腳，卻絲毫不在意自己的笨拙與不雅。她一心一意和我構思研究如何改進，實驗所有可行的方法，不斷重新調整。我心裡很震撼，深深感受到她那無私毫無保留的愛，我暗自下決心一定得努力學習，眞的不能辜負她。

從小在基督化家庭成長的我，眞的很不習慣睡在佛堂旁，但想到爸爸的朋友有很多，有些信仰也不同，例如寶蓮禪寺的師父。爸爸曾帶我和寇牧師去拜訪寶蓮禪寺，他們平日不讓別人採蓮花，甚至不對外開放，但爸爸要採蓮花當我的畫材，他們就任我們採。爸爸對任何人都友善且尊重，使他到任何地方，別人都會很尊敬他，給他方便，而跟著他的人都會沾染他的福氣。

想到爸爸的態度，我對於這樣的佛教徒生活，也能夠尊重與適應。唯一不能適應的是伙食，謝姊姊和另一位游姊姊終日茹素，而我則是不折不扣的肉食主義者。

爸爸和媽媽一向注重育幼院童的營養，任何錢都可以省，唯獨每月的伙食開銷絕不能省，即使在最窮困的時候，育幼院還在鎮上的肉舖賒了四年帳。爸爸媽媽爲了還帳，不但養豬償債，後來並開設牧場養鹿、養雞、養牛自給自足，因此院童們從不乏肉食。

而現在每天面對青菜豆腐，我實在食難下嚥，我忍不住跟她說：「我實在吃不慣耶。」心想這下她可爲難了，佛教徒不能殺生，她不吃葷腥，對她而言，我這個異教徒恐怕不受歡迎了。

不過這並沒有難倒她，她每天爲我去買街上的熟食葷腥，幫我熱過給我吃。她表示只要不是自己殺生，就不違反她的戒律。她爲了我的口腹之慾和營養著想，撇開了宗教禁忌，這也很讓我感動。

和她住數個月，她一直致力於訓練我的獨立。謝姊姊樸素從不化妝，我出門都愛裝扮，她說要看場合，但心要保持純樸。她穿著十年舊衣說：「衣服是穿不破的，穿破縫補就好。」

我現在完全瞭解她的用心與善意，現在每逢過年過節，我都會寫卡片寄給她，並且有時間我和信義會帶著小貞德去拜訪她。記得當她第一次見到小貞德時，除了細心周到的爲小貞德準備玩具和禮物之外，格外讓我感動的是：一個勤儉、刻苦又純樸的人，居然花錢買了小孩的金飾。我問她爲何要破費？她說這是一份心意，是具有紀念性的。這樣的眞心與誠懇令人心被恩感。

她現在每年會來育幼院一兩次，爸爸很感激她，要請她吃飯，但她從來不吃，不知道是不是因爲她吃素，吃不慣我們的葷腥伙食。而她不只對我有愛心，她還到院裡探望以前同事的兒女。

她以前陶瓷工廠的同事是原住民，有對夫妻生了五個孩子，但是有酗酒的惡習，兩人只要一喝酒，家中就如同豬圈，一家人擠在一個房間中睡，人人以一口紙箱爲床，上面鋪著碎布。屋中五味雜陳，臭氣熏天，她看不過去，把他們轉介來院裡，要夫妻倆帶著孩子一起來院裡工作，一方面脫離原來的環境，一方面讓孩子得到比較好的照顧。

他們初來乍到時，有若重獲新生，但不料三個月後，故態復萌，兩人平日很好，一喝酒就走樣，吵架打架漫無節制。二哥怕影響到其他院童的心理，最後決定還是請謝姊姊來帶走這對酒鬼父母，沒想到他們一走八年了無音訊，反而是謝姊姊年年都來看小孩。

這對夫妻最小的兒子到院裡來時，尙在襁褓，一直以爲謝姊姊就是他媽，而叫謝姊姊「媽媽」。他的哥哥姊姊直等到他大一點，才糾正他「那是阿姨，我們的媽媽沒有來」。

她是在媽媽以外，第一個以身示範教導我的人，也是我一輩子最感謝的人之一。她對我的影響很大，她設身處地用自己的時間空間，全力教我如何在精神上及生活上獨立。雖然她和我的宗教信仰不同，但是她讓我知道人性的美好，不因宗教的藩離而有所不同。

何必等中樂透

很多人都想幫助別人，
而許願「等我中了樂透」再說，
其實幫助別人何必要等中樂透呢？

很多人都想幫助別人，而許願「等我中了樂透」，或是「等我富可敵國，像比爾蓋茲一樣會賺錢時，一定會拿出很多錢來幫助別人」。其實幫助別人，只要小小的善念，甚至是只要貢獻出幾西西如水滴般的心意，都可能匯聚成像江海般龐大的力量。幫助人何必一定要等中樂透呢？

像我捐助母乳，就是一例。我不是有錢人，我不是四肢健全的人，但我也有能力幫助別人。

名主持人陶晶瑩在金曲獎頒獎典禮上表演噴乳秀，本來是爲博人一粲，沒想到引起母乳協會抗議她醜化哺乳的母親，輿論大加撻伐。我卻覺得沒那麼嚴重，而且陶子的表演其實並不誇張，噴乳秀在我家時常上演。如果有人乳汁真的那麼多的話，我很想邀她一起來捐母乳。

在女兒貞德出生後，我就經常帶著女兒四處演講、作畫，只要聽到女兒的哭聲，我就會立刻盡媽媽的天職，我是她7-11的大奶瓶。不過我深為母乳豐沛而苦，在家上演噴乳秀時，媽媽都笑著安慰我，「很少媽媽可以這樣，你要感謝上帝。」

中國人常說「一滴母乳猶如媽媽的一滴血」，非常珍貴。其實母乳很奇妙，愈去擠它，自然會分泌更多。我常一邊餵貞德，另一邊噴得到處都是，把被子、墊子都弄濕；還常因百密一疏，未及時發現擦乾，而變成灰黑的霉斑洗不掉，有時不得不把被子、墊子丟棄。

豐沛的母乳，是上帝給我特別的恩賜，貞德一個人享用不盡，我一度鼓勵信義喝，但他說他已經營養過剩了，每天光吃我們剩下的殘羹，體重已直線上升，完全不肯就範。

後來好友告訴我，電視劇「星星知我心」的石安妮有個妹妹石安帆，偕英國丈夫攜兒返台，因有要事出國一、兩個月，其間由保母看顧，但哺乳是最大的問題。知道有人亟需母乳，我立刻答應無條件供應，信義也熱心地幫忙我。不但每天幫我用擠乳器把多餘的乳汁擠在集乳袋中冰凍，集到相當數量就用超商低溫宅急便，寄到台北捐給可愛的中英混血小男孩。安帆回國後非常感激，想酬謝我，我堅持不受，並對她說如果她一定要表達心意，就捐給賜給我一切的六龜育幼院吧。

他們母子返英後，我又捐給屏東一位朋友的新生兒。偶然在一次婚紗秀的記者會當中，有媒體朋友問起：我的乳汁夠餵女兒嗎？我說她很幸運、也很幸福有喝不完的母乳，常常喝到吐。當中有記者突然問我：「如果有人需要，是否願意捐母乳？」我毫不考慮說：「好，而且早已這麼做了。」

我在媒體公開自己手機號碼，有需要的人可以和我聯絡。沒想到立刻電話接不完，這才發現有那麼多體弱重病的孩子，需要母乳，但求之不得。我想，我又不是母牛，實際的乳汁有限，大概只能餵養三位小朋友吧！要如何幫助那麼多人？後來我發起捐母乳，許多愛心媽媽紛紛踴躍響應，這個讓愛傳出去的行動，讓我感動不已！

我捐給台中后里一位一歲半的血友病童育杰。育杰出生才六個月就因爲胃出血，驗出有血友病，是個性活潑的小男生，愛跑愛跳，很容易一撞就到處瘀青，必須常打凝血針，身體免疫力差，常生病。而他的媽媽因爲是B肝帶原者，身體很瘦弱，無法哺育。爲了改善育杰的體質，她到處拜託親友鄰居，希望有新生兒的媽媽，能夠分一點母乳給兒子，但是都求不到。她眞沒想到第一個捐給她的，卻是素不相識的我。

我前一陣子帶著禮物，抽空去看她，看到孩子免疫力增強了，身體好多了，她一再表達很感恩的心。我告訴她，不必感激我，我所做的只是一點點心意，將來如果她有能力，也希望她能幫助別人。

我拋磚引玉捐母乳，沒想到因而結了很多善緣，認識了很多愛心媽媽一起來幫助病童。

我還轉介了一位台南的葉女士，也捐乳給血友病童。此外屏東、台南、台中、台北的愛心媽媽也紛紛響應。我都一一過濾，對方能提出健康證明的，我才放心轉介，這股愛心媽媽用母乳匯聚的暖流，悄悄地由南而北擴散。

在高雄教餐飲營養的馬瑩瑜老師，是最先響應捐乳的愛心媽媽之一，她打電話給我說：「我以前就很佩服你，你沒有手，不但能用腳作畫，還熱心助人。五月我生下小孩，乳汁多到足夠餵飽三、四個小孩，每天至少可以冰八百西西，乳量多到連彰化的娘家、鄰居、自家三個冰箱都塞爆了。我覺得母乳很珍貴，很想捐給醫院，但醫院怕麻煩不敢要，我相當困擾。現在你解決了我的困擾，也幫助了需要的人。」

馬老師和我把母乳捐給台北的宇彤，當時八個月的宇彤罹患多種重症，徘徊生死關頭。宇彤在才出生四天時，就因罕見的環狀胰臟束緊了十二指腸，導致胃部潰爛。醫生在她胃上打洞、腸子繞道，做了胃腸吻合手術，住在加護病房前後一個月，只靠打營養針維持。宇彤的媽媽吃不下也睡不著，自己也幾度掛急診，無法哺乳。

面對垂危的小生命，群醫束手無策，宇彤的媽媽春蘭心如刀割，原本打算去加護病房向她告別，但是虛弱的宇彤張著大眼睛，默默地對著媽媽垂淚，讓宇彤媽媽發誓不論如何都不放棄自己的骨肉。醫生告訴她唯有一線生機就是餵母乳，因爲母乳的分子小、營養高，是一個月未進食的宇彤最能吸收的營養品。

爲求讓女兒活下去，宇彤媽媽每天到台大婦產科、做月子中心挨戶的乞求母乳救命。雖然遭逢不少白眼與閉門羹，但她也遇到很多愛心媽媽。有位媽媽甚至把她寶貴的初乳擠給她。黃稠的初乳免疫力最強，是每個媽媽送給自己孩子最好的禮物，但那位媽媽卻說即使她的孩子沒奶喝，也要先救宇彤，讓正面臨婚變、覺得人生變黑白的宇彤媽媽好感動。

那位捐出初乳的媽媽，就用幾西西的初乳，鼓舞了宇彤媽媽的意志，也恢復了對人性的信心。她再接再厲，先後透過各種管道，求得二十位愛心媽媽捐助母乳。她說每次用奶瓶餵宇彤時，都會先加一句：「要謝謝台北市政府的媽媽喔！」或是「要謝謝嘉義的媽媽喔！」

當宇彤媽媽聯絡上我時，她喜出望外，因爲那些捐母乳給她的愛心媽媽，正巧都相繼面臨斷奶的階段，於是，我轉介了高雄的馬老師給她。宇彤現在健康愈來愈好，活動力也強，一雙大眼睛非常可愛。

有一天我們全家去看宇彤，小貞德面對怕生的宇彤，還大方的又親又抱，甚至還拿奶瓶餵宇彤妹妹。這兩個小小女生像是一對姊妹花，看到小貞德和宇彤玩得盡興，當時宇彤的媽媽春蘭很感動，而我內心也感動，願意將小貞德的祝福和宇彤分享，希望宇彤能愈來愈健康、平安的成長，後來我認了宇彤做乾女兒。

我從小在六龜育幼院長大，曾受過無數民眾的愛心捐助，心想只要有一點點能力，就希望能夠回饋這個社會。社會上其實很多人是有愛心的，千萬不要小看自己的力量，有時候即使是小小的付出，挽回的可能就是一條很有價值的生命。

結語

擁抱愛

其實忘了我沒有手沒關係，
別忘了可以擁抱我，
也擁抱心中的愛。

我沒有手，但這一生，因爲沒有手，卻得到更多。忘了我沒有手沒關係，但別忘了可以擁抱我。

常常有人會忘了我沒有手，連小學時老師點名，都還會問我：「爲什麼不舉手？」

前總統李登輝召見時，也忘了我沒有手，他和一群人握手，握到我的面前，伸出的手，半天沒收回去，直到看到我搖搖身體甩動空袖，暗示他，他才如夢初醒的擁抱我。

上帝沒有賜我雙臂，但賜給我一對全天下最偉大、最有愛心的父母。

我沒有與親生父母一起長大，但是祂賜給我一個慈愛的媽媽，智慧、幽默的爸爸。他們凡事為我設想周到，為我做完整的人生規畫，一路栽培我走上我有興趣的繪畫之路。

上帝沒有賜給我雙臂，但賜給我一個和樂的大家庭，其實，我從小就是在愛的懷抱裡長大的。

我和一百多個兄弟姊妹一起長大，他們給我最好的照顧與協助。我生長的大家庭，物質雖然不富饒，但是精神上永遠是富足的。遇到困境時，我們靠禱告、靠信仰克服難關。我的父母親在最困難的情況下，從沒有放棄自己的理想與堅持。

上帝沒有賜我雙臂，但賜給我萬能的雙腳。

六度造訪六龜育幼院的蔣經國總統，用慈愛的心幫助了六龜育幼院的院童，擁抱了我這個無臂孤女，使我有勇氣、毅力、決心，訓練自己運用雙腳，走自己的路。他幫助我接受痛苦且昂貴的脊椎矯正手術，使我突破重重的學習障礙，才能有今天。他的愛心，也使我決定有生之年，只要有一點點力量，都要盡量幫助別人，也希望能透過自己小小的力量傳播愛的種子，建立一種樂於助人的社會風氣。

上帝沒有賜我雙臂，但賜給我有愛心、有耐心的哥哥、姊姊們。他們不厭其煩的帶領我走過錯誤、走過懵懂叛逆的輕狂年少時。

上帝沒有賜我雙臂，但賜我能用心去擁抱世界，擁抱心中的愛，讓我畫出對生命的期待與愛。

上帝沒有賜我雙臂，但祂賜給我百折不撓的勇氣，勇敢地面對所有的困難。讓我能面對婚姻的挫折、懷孕的困難，與心愛的人一起克服難關，孕育出可愛的孩子。

上帝沒有賜給我雙臂，但用那雙看不見的手，一直帶領我，撫慰我。在愛中，我永不匱乏。雖然看不見祂，觸不到祂，但我深知祂一直就在這裡，願那雙看不見的手，也賜福給你。

國家圖書館出版品預行編目資料

那雙看不見的手／楊恩典 口述；胡幼鳳 撰稿.
-- 初版. --臺北市：圓神，2007〔民96〕
256面 ；15×21公分. --（勵志書系；88）

ISBN 978-986-133-189-8（平裝）

1. 楊恩典–傳記　2.殘障者–臺灣–傳記

782.886　96002633

The Eurasian Publishing Group
圓神出版事業機構
用心與你對話．視野無限寬廣

圓神出版社
Eurasian Press

http://www.booklife.com.tw　inquiries@mail.eurasian.com.tw

勵志書系 088

那雙看不見的手

口　述／楊恩典
撰　文／胡幼鳳
發 行 人／簡志忠
出 版 者／圓神出版社有限公司
地　址／台北市南京東路四段50號6樓之1
電　話／（02）2579-6600．2579-8800．2570-3939
傳　真／（02）2579-0338．2577-3220．2570-3636
郵撥帳號／18598712　圓神出版社有限公司
登 記 證／行政院新聞局局版北市業字第1462號
總 編 輯／陳秋月
主　編／沈蕙婷
企畫編輯／賴真真
責任編輯／周文玲
美術編輯／許巧琳
行銷企劃／吳幸芳．崔曉雯
校　對／楊恩典．胡幼鳳．林思吟．周文玲
印務統籌／林永潔
監　印／高榮祥
排　版／杜易蓉
總 經 銷／叩應有限公司
法律顧問／圓神出版事業機構法律顧問　蕭雄淋律師
印　刷／祥峰印刷廠

2007年4月　初版
2013年7月10刷

定價240元　ISBN 978-986-133-189-8　